LA RESPONSABILITÉ DES ENTREPRISES MULTINATIONALES POUR LES VIOLATIONS DES DROITS DE L'HOMME EN AFRIQUE

Collection « Études africaines »

dirigée par Denis Pryen et son équipe

Forte de plus de mille titres publiés à ce jour, la collection « Études africaines » fait peau neuve. Elle présentera toujours les essais généraux qui ont fait son succès, mais se déclinera désormais également par séries thématiques : droit, économie, politique, sociologie, etc.

Dernières parutions

Jean-François NGANDU KAMUNGA, *Les baluba d'hier et d'aujourd'hui, permanences, ruptures, transformations et extinctions des traditions africaines*, 2017.
Firmin AHOUA, Benjamin OHI ELUGBE, *Typologie et documentation des langues en Afrique de l'Ouest*, 2017.
Alphonse MAKENGO NKUTU, *Les partis politiques de la République démocratique du Congo. Analyse faite à partir de différents textes légaux portant organisation et fonctionnement des partis politiques (1990 à nos jours)*, 2017.
Hygin Ignace AMBOULOU, *Code des investissements et des activités économiques. Première édition*, 2017.
Hygin Ignace AMBOULOU, *Traité de fiscalité des entreprises. Première édition*, 2017.
Hygin Ignace AMBOULOU, *La problématique du conflit de normes et de compétences dans la situation de coexistence des juridictions communautaires*, 2017.
Hygin Ignace AMBOULOU, *La construction du marché commun africain et la problématique de l'harmonisation des traités régionaux*, 2017.
Hygin Ignace AMBOULOU, *Traité de droit des transports de marchandises par route et des opérations de dédouanement. Première édition*, 2017.
Arthur SABI DJABOUDI, *Les médias d'État au Gabon. Permanence et mutations*, 2017.
Gilbert DOHO, *Le Code de l'indigénat ou le fondement des États autocratiques en Afrique francophone*, 2017.

Christelle Belporo

La responsabilité des entreprises multinationales pour les violations des droits de l'homme en Afrique

Opportunités et défis

L'Harmattan

5-7, rue de l'École-Polytechnique, 75005 Paris

http://www.editions-harmattan.fr

ISBN : 978-2-343-11365-4
EAN : 9782343113654

À mes parents, Léa et Joseph B.

À toutes les victimes dont les droits sont violés par les multinationales en Afrique et sous d'autres cieux.

REMERCIEMENTS

La rédaction de cette étude a certes été une expérience solitaire, mais elle a surtout été un parcours à travers lequel j'ai beaucoup reçu, et appris. Je tiens ici à exprimer ma sincère reconnaissance envers tous ceux qui m'ont apporté leur aide sur ce chemin, mais qu'il est difficile de remercier nommément.

Ma gratitude s'adresse de façon particulière aux professeurs Renée-Claude Drouin et Emmanuel Kam Yogo qui ont su me guider et faire éclore en moi les capacités nécessaires pour arriver au bout de ce projet. Je tiens également à remercier le professeur Amissi Manirabona qui m'a initiée à la recherche sur le sujet aussi passionnant qu'épineux du respect des droits humains par les multinationales. Je suis aussi redevable au professeur Samuel Tanner pour ses encouragements et son support matériel indispensables à l'édition et la vulgarisation de cet ouvrage.

Enfin, je ne remercierai jamais assez mes frères, ma grande famille et tous mes amis du *Groupe Biblique Universitaire* de l'Université de Montréal pour leur amour et soutien spirituel indéfectible tout au long de ces années de recherche.

LISTE DES SIGLES ET ABRÉVIATIONS

ATCA : Alien Tort Claim Act

ATS : Alien Tort Statute

CADHP : Commission africaine des droits de l'homme et des peuples

CEDEAO : Communauté Économique des États de l'Afrique de l'Ouest

CIJ : Cour Internationale de Justice

CNUCED : Conférence des Nations Unies sur le commerce et le développement

CNUDCI : Commission des Nations Unies pour le droit commercial international

CPI : Cour Pénale Internationale

EMN : Entreprises multinationales

IDE : Investissements directs à l'étranger

OCDE : Organisation de Coopération et de Développement Économique

OIT : Organisation Internationale du Travail

ONG : Organisation non gouvernementale

ONU : Organisation des Nations Unies

PCN : Point de Contact National

RINADH : Réseau des Institutions Nationales Africaines des Droits de l'Homme

RSE : Responsabilité Sociale des Entreprises

TVPA : Torture Victims Protection Act

UA : Union Africaine

SOMMAIRE

PRÉFACE

La sécurisation de l'investisseur et de son investissement dans le pays d'accueil a toujours fait l'objet des préoccupations du droit international depuis longtemps. Pour cela, des règles et principes de traitement, de protection et même de garantie des investissements ont très tôt été développés et consolidés. C'est d'ailleurs dans ce sens que le standard du traitement juste et équitable et le standard de pleine et entière protection et sécurité avaient été imaginés. Le droit international s'est très peu préoccupé du sort d'une composante importante de l'État d'accueil de l'investisseur : les populations.

Si la classe gouvernante du pays d'accueil peut brandir le principe de souveraineté des États pour contrecarrer des abus éventuels de l'investisseur, une complicité entre ce dernier et l'élite dirigeante s'est souvent faite au détriment des populations dont les droits ont parfois été bafoués sans que le droit international qui protège déjà l'investisseur puisse se déployer pour protéger également les personnes vivant sur le sol qui accueille l'investissement. L'Afrique est de plus en plus le théâtre des violations des droits des populations par des multinationales venues d'ailleurs.

L'étude de Christelle Belporo interpelle le droit des investissements internationaux dans son ensemble, car elle montre que la protection de l'investissement sans la protection de la personne qui vit dans le site d'accueil est une œuvre inachevée du droit international. Pourquoi la juridiction internationale qui se mobilise pour protéger l'investissement et l'investisseur ne pourrait-elle pas se mobiliser aussi pour protéger la personne qui vit sur le sol d'accueil ?

Cette recherche pose la question fondamentale de savoir si l'encadrement actuel et les conditions de mise en œuvre contemporaine de la responsabilité des entreprises multinationales au niveau africain répondent à l'impératif de protection des droits de l'homme. Elle démontre le caractère précaire de l'encadrement de la responsabilité des entreprises multinationales pour des violations des droits des populations africaines et propose des pistes pour parfaire la responsabilisation desdites entreprises.

Cette étude qui se trouve au carrefour du droit international des droits de l'homme et du droit des investissements internationaux est une réflexion importante dans le contexte actuel de la mondialisation de l'économie, de l'universalisation des droits de l'Homme et de la poursuite des objectifs de développement durable à l'horizon 2030. De nombreux juristes et acteurs de la société civile y trouveront sûrement leur compte.

Pr Emmanuel Kam Yogo

Maître de Conférences à l'Université de Douala, Professeur associé à la Faculté de droit de l'Université Laval et à l'École Nationale d'Administration et de Magistrature du Cameroun

INTRODUCTION GÉNÉRALE

« Ubi jus ibi remedium »[1]

La question de la responsabilité et de la réparation des victimes de violations des droits de l'homme par les entreprises multinationales se pose avec une acuité indéniable depuis que les investissements et la multinationalisation des entreprises prennent de l'expansion à travers le monde. L'Afrique, continent d'opportunités, dispose de vastes ressources naturelles et minières et attire les investisseurs privés, notamment les entreprises multinationales, soucieuses de développer une économie de marché plus forte. Le plus récent compte-rendu de la Conférence des Nations Unies sur le commerce et le développement (CNUCED) rapporte, par exemple, la multiplication importante des accords d'investissements internationaux et celle de la contribution des filiales étrangères d'entreprises multinationales au budget national des pays en développement[2]. Il est donc sans contredit que les investissements directs à l'étranger (ci-après IDE) en Afrique, n'ont cessé de croître lors des dernières décennies en Afrique. Le rapport du Bureau international du Travail vient d'ailleurs confirmer cette tendance en affirmant que : « *Les IDE continuent d'augmenter en Afrique et les IDE entre pays africains sont aussi à la hausse. Ce sont les ressources naturelles qui attirent toujours la plupart des investissements, mais les secteurs des services et des produits manufacturés sont de plus en plus prisés par les investisseurs étran-*

---

[1] [Latin : lorsqu'il y a un droit, il y a un recours].

[2] Voir CNUCED, *Rapport sur l'investissement dans le monde 2016*, p. XVIII, en ligne : < http://unctad.org/fr/PublicationsLibrary/wir2016_Overview_fr.pdf > (Site consulté en 2016).

gers. Les montants investis dans les projets sont toujours plus importants de même que les investissements en capitaux, ce qui témoigne d'une progression dans la chaîne de valeur de la production locale. »[3].

De fait, les gouvernements cherchent à attirer les entreprises multinationales en partant du postulat qu'elles peuvent contribuer à la création d'emplois, apporter des avantages tangibles notamment par le renforcement de la capacité de production, favoriser le transfert de technologies et améliorer les compétences locales.

Engagés dans une compétition pour attirer les investisseurs, les États rendent de plus en plus leurs systèmes juridiques perméables à la pénétration des normes externes, et chaque acteur tire, dans une certaine mesure, parti de la mondialisation. En raison de ce phénomène, les barrières sont moins étanches et une multitude d'auteurs s'accordent à dire que la tendance est à la globalisation tant économique que juridique[4]. De plus, la conduite des affaires impose désormais la prise en compte des acteurs non étatiques que sont les acteurs économiques, qui font désormais partie du paysage des échanges mondiaux. Dans le même sillage, cette intégration progressive se fait au fur et à mesure que le phénomène de dénationalisation amène les États à déréglementer leurs systèmes juridiques, et les pousse à ouvrir davantage leurs frontières. L'ouverture des espaces économiques a ainsi eu pour corollaire un accroissement exponentiel des entreprises multinationales, et ce

---

[3] BIT, « *Les entreprises multinationales et le travail décent : rapport sur la promotion et l'application de la Déclaration de principes tripartite sur les entreprises multinationales et la politique sociale en Afrique, Unité des entreprises multinationales et de l'engagement auprès des entreprises multinationales et la politique sociale en Afrique* », Unité des entreprises multinationales et de l'engagement auprès des entreprises, Genève, 2015, p.13

[4] J-B Auby, *La globalisation, le droit et l'État*, Paris, LGDJ, 2010, p.18

phénomène s'alimente de la déspécialisation des activités économiques[5] qui favorise une plus grande dislocation géographique des échanges. Les États procèdent désormais à la privatisation des ressources et des services pour favoriser les opérations transnationales. Ainsi, ils apparaissent comme des acteurs de l'économie mondiale plutôt que comme gardiens des économies nationales.

Les États le font par l'accroissement des échanges et une plus grande compétitivité, tandis que les entreprises multinationales deviennent de plus en plus puissantes et maximisent le profit. Toutefois, il serait bien naïf d'avancer que cette ruée s'effectue sans poser un dilemme entre l'économie et la protection des droits de l'homme, sans causer de façon incidente ou consciente des atteintes indirectes ou directes aux droits fondamentaux. Les entreprises multinationales se consacrent, en effet, tant à l'exploitation des ressources naturelles, minières, pétrolières, qu'à l'extraction ou à la production et la distribution de produits à l'échelle mondiale. Il faut aussi soulever le fait que ces évolutions contribuent également à amoindrir la puissance et la centralité du rôle de l'État.

Malgré cet affaiblissement institutionnel, les États demeurent néanmoins des pions essentiels dans l'échiquier du jeu économique, et ils conservent de fait une fonction régulatrice. Ils demeurent en effet les interlocuteurs privilégiés des relations économiques internationales et restent les garants de la protection des droits fondamentaux des individus. Dans un contexte marqué par l'évolution des dynamiques structurelles sur la scène internationale, on note une reconfiguration des relations qui se nouent entre les différents acteurs sur la scène internationale. D'un droit de coexistence, le droit international est passé à un droit de coopération incluant graduellement les organisations internationales, les acteurs privés économiques et les

---

[5] *Ibid,* p.19

individus qui ne sont pas laissés en reste. Jusqu'en 1945, le cercle très fermé de la scène internationale ne laissait que libre expression à la prééminence des entités étatiques et souveraines, avec la consécration de l'État comme unique sujet de droit international. La fonction exclusive de ce droit était de réguler les relations interétatiques. Néanmoins, après l'avènement de plusieurs bouleversements historiques et sociaux, il s'est alors observé une évolution profonde. L'individu a successivement quitté la sphère d'objet du droit international, pour en devenir un sujet important. Jadis relégué à la compétence de l'État, l'individu ne devait sa protection qu'au mécanisme de la protection diplomatique qui permettait à l'État de prendre fait et cause en la personne de son ressortissant. L'émergence et la consolidation de nouveaux standards internationaux comme la démocratie et l'État de droit offrent des instruments par excellence d'introduction des droits de la personne dans la sphère étatique[6]. Le régime de protection s'est ainsi amélioré dans la mesure où une multitude d'instances tant régionales qu'internationales offrent *locus standi* aux victimes de violations des droits de l'homme. Il y a donc une consolidation institutionnelle des droits de la personne couplée à une évolution normative, qui permet d'affirmer que les individus sont pris en compte sur la scène internationale. Nul ne conteste aujourd'hui que la protection des droits fondamentaux de l'individu échappe au domaine jadis réservé des États.

Il apparaît alors de façon indéniable que la mondialisation économique et l'interdépendance de tous les acteurs dans la communauté internationale font émerger l'idée d'une responsabilité partagée. Celle-ci se veut plus soucieuse de l'individu et de son environnement et donc du bien-être de la population humaine dans son ensemble.

---

[6] K. Benyeklef, *Une possible histoire de la norme*, Montréal, Thémis, 2008, p.216

Néanmoins, la multiplication du contentieux des droits de l'homme contre les entreprises transnationales confirme la thèse selon laquelle *« la globalisation économique par essence conspire contre les droits de l'homme »*[7] semble se vérifier. Dans le même sens, il semble que les occasions de conflits se multiplient au fur et à mesure que l'interdépendance des droits de l'homme les poussait à s'infiltrer dans le marché et dans la sphère économique[8]. Cet état de fait est davantage accentué, car les droits de l'homme restent encore très difficiles à protéger dans la réalité, puisqu'il ne *« suffit pas que les normes internationales relatives aux droits de la personne soient établies pour que leur caractère obligatoire soit affirmé »*[9]. Dans la mesure où l'accroissement des activités économiques parallèlement à la gradation dans la promotion des droits de l'homme soulève des problèmes et que la porosité des frontières et les investissements transfrontaliers portent très souvent des germes nuisibles à la protection des droits de l'homme, il est important de fixer un cadre qui tient compte de cette tension.

Sur le plan international, ce cadre s'est formalisé ces dernières décennies par l'adoption des *Principes directeurs relatifs aux entreprises et aux droits de l'homme* par le Conseil des droits de l'homme en 2011[10], qui consacrent clairement dans le deuxième pilier la responsabilité des entreprises. Plus loin, une lecture téléologique des différents instruments de protection des droits de l'homme dévoile bien les fondements d'un droit à la réparation des victimes de violations des droits de l'homme et, par rico-

---

[7] *Ibid.*, p.91

[8] M. M Salah, *L'irruption des droits de l'homme dans l'ordre économique international*, Paris, LGDJ, 2012, p.298

[9] *Ibid.*, p.176

[10] Conseil des Droits de l'Homme, *Principes directeurs relatifs aux entreprises et aux droits de l'homme*, Résolution A/HRC/RES/17/4 du 16 juin 2011, [Ci-après « Principes directeurs »].

chet, l'existence d'une responsabilité des entreprises qui portent atteinte aux droits de l'homme. Ce sont donc ces témoignages manifestes d'un intérêt accru porté à l'impact des activités des entreprises sur les droits qui nourrissent l'objet de la présente étude. Bien qu'à priori la mission de la protection de l'individu face aux activités des entreprises multinationales semble surtout incomber aux États, force est de constater que ces derniers, étant davantage soucieux de s'insérer dans l'ordre économique international, présentent souvent des législations défaillantes ou un manque de volonté criard, qui est de nature à décourager le contentieux entre les individus et les entreprises multinationales. C'est en cela qu'il est primordial d'aborder les questions de violations des droits de l'homme par les entreprises multinationales en les reliant à celles des pays en développement, notamment du continent africain au niveau duquel ce type de contentieux ne cesse de croître. Dans cette optique, le choix de la thématique de la présente étude s'articule autour de : ***« La responsabilité des entreprises multinationales pour les violations des droits de l'homme en Afrique ».*** À l'orée de notre étude, il convient à toutes fins utiles de procéder à une analyse terminologique de l'objet de la recherche, avant de procéder en profondeur à un examen détaillé du sujet.

De façon générale, la notion de **responsabilité** se définit comme : *« l'obligation de répondre d'un dommage devant la justice et d'en assumer les conséquences civiles, pénales, disciplinaires (soit envers la victime, soit envers la société) »*[11]. On se rappelle aussi que les premières esquisses de la notion de la responsabilité ont été tracées par l'article 1382 du Code Civil français, qui énonce que : *« Tout fait quelconque de l'homme, qui cause un dommage à autrui, oblige celui par lequel il est arrivé à le*

[11] G. CORNU, *Vocabulaire juridique*, Paris, Presses Universitaires de France, 2014, 6eme édition p. 807

réparer ». Certains auteurs affirment d'ailleurs que la réparation juridique des dommages peut aussi s'appeler le droit de la responsabilité civile. En d'autres termes, la responsabilité induit pour l'auteur d'une violation ou d'un dommage l'obligation de réparer les dommages causés par son fait personnel aux choses dont il a la garde, ou des personnes répondant de sa responsabilité[12]. Dans le cadre de cette étude, nous situons la responsabilité dans le cadre extracontractuel, étant entendu que la dynamique impliquant les entreprises conduit généralement les victimes à chercher compensation par l'indemnisation pécuniaire à titre de réparation du préjudice ou du fait dommageable. La responsabilité contractuelle, par contre, implique une obligation pour la partie contractante qui ne remplit pas partiellement ou en totalité une obligation mise à sa charge par le contrat de réparer en nature ou en argent ou par l'exécution tardive du contrat[13].

La responsabilité civile peut aboutir à la compensation financière, mais aussi par l'obtention d'autres mesures d'exécutions, en l'occurrence *« la cessation ou la prévention du préjudice »*, par opposition à la responsabilité pénale qui se définit comme *« l'obligation de répondre de ses actes délictueux en subissant une sanction pénale dans les conditions et selon les formes prescrites par la loi »*[14]. Traditionnellement, la mise en œuvre de la responsabilité peut se faire à condition qu'il y ait faute, un dommage et que le lien de causalité peut être clairement établi. Sur le plan légal, en droit international, la question de la responsabilité a beaucoup évolué. La notion de responsabilité a commencé par être encadrée au niveau des relations inte-

[12] S. Guinchard et G. Montagnier (dir.), *Lexique des termes juridiques*, Dalloz, 14ème édition, p. 509

[13] A-J Arnaud & autres, *Dictionnaire encyclopédique de théorie et de sociologie du droit*, L.G.D.J, 2e éd., 1993, pp.530-531

[14] S. Guinchard et G. Montagnier, *op.cit*, p.509

rétatiques, notamment à travers le projet adopté en 2001 sur la responsabilité internationale de l'État pour fait internationalement illicite.

Dans ce scénario, la responsabilité des États peut être engagée lorsqu'un État A *commet un fait internationalement illicite (article 1) notamment un comportement consistant en une action ou une omission ; Constitue une violation d'une obligation internationale de l'État ; Est attribuable à l'État en vertu du droit international (article 2)*[15].

Néanmoins, il apparaît évident que la transposition de ces règles de la responsabilité internationale de l'État aux entreprises multinationales s'avère malaisée puisqu'il faudrait au préalable réunir les trois conditions que sont : le fait illicite, le préjudice ou le dommage et l'imputabilité. De plus, la difficulté première dans le contentieux impliquant les entreprises provient du fait qu'elles aient encore le statut d'acteurs privés sur la scène internationale tel que nous le verrons dans les développements ultérieurs.

Les **entreprises multinationales**, sujet de cette étude (nommées ci-après EMN), sont des entités qui peinent encore à être définies en droit international. L'Organisation internationale du Travail (OIT), par exemple, affirme en ce sens dans la *Déclaration de principes tripartite sur les entreprises multinationales* (EMN) qu'une définition juridique n'est pas essentielle pour comprendre l'objet de ladite Déclaration. Le texte précise tout simplement que : « *Les entreprises multinationales comprennent des entreprises, que leur capital soit public, mixte ou privé, qui possèdent ou contrôlent la production, la distribution, les services et autres moyens en dehors du pays où elles ont leur siège. Le degré d'autonomie de*

---

[15]Commission de Droit international, *Projet d'articles sur la responsabilité de l'État pour fait internationalement illicite*, Documents officiels de l'Assemblée générale, 56ème sess., A/56/10, Supplément n° 10, 2001

chaque entité par rapport aux autres au sein des entreprises multinationales est très variable d'une entreprise à l'autre, selon la nature des liens qui unissent ces entités et leur domaine d'activité et compte tenu de la grande diversité en matière de forme de propriété, d'envergure, de nature des activités des entreprises en question et des lieux où elles opèrent. Sauf indication contraire, le terme « entreprise multinationale », tel qu'il est utilisé dans la présente Déclaration, se réfère aux diverses entités (société mère ou entités locales ou les deux, ou encore tout un groupe) en fonction de la répartition des responsabilités entre elles, dans l'idée qu'elles coopèreront et s'entraideront, le cas échéant, pour être capable d'observer les principes énoncés dans cette Déclaration »[16]. Les EMN se caractérisent donc par une mobilité accrue des forces productives à l'échelle mondiale où la production se fait par des filiales en dehors des frontières nationales et par l'exploitation des différents avantages comparatifs des États impliqués dans les échanges[17]. John Ruggie, ancien Représentant spécial de l'ONU chargé de la question des droits de l'homme et des sociétés transnationales, définit les multinationales comme des « *companies that conduct business in more than one country, whether as vertically integrated firms, joint ventures, corporate group, cross-border production networks, alliances, trading companies, or through ongoing contractual relationships with off-shore suppliers of goods and services; and whether publicly listed, privately held, or*

---

[16] OIT, « *Déclaration de principes tripartite sur les entreprises multinationales et la politique sociale* », 204e session (novembre 1977), telle qu'amendée par le Conseil à sa 279e session (Genève), p.2, en ligne :<http://www.ilo.org/wcmsp5/groups/public/@ed_emp/@emp_ent/documents/publication/wcms_124923.pdf>, (Site consulté le 3 janvier 2015)

[17] J-P Rodrigue, *L'espace économique. Les économies avancées et la mondialisation,* Sainte-Foy, Presses de l'Université du Québec, 2000.

state-owned. »[18]. Les termes « *sociétés transnationales* » étant aussi largement utilisés par la doctrine pour qualifier les EMN, nous emploierons indistinctement ces terminologies pour recouper la même réalité. L'architecture des multinationales se compose au sommet d'une société mère qui détient la nationalité du pays d'origine de l'entreprise et qui exerce un contrôle sur ses filiales qui peuvent toutefois avoir des nationalités distinctes. Elles se positionnent aussi comme de sérieuses concurrentes au modèle étatique, car par *« la diversité de leurs intérêts internationaux, elles peuvent tirer le meilleur profit de la division du monde en États souverains »*[19].

Tel que mentionné précédemment, dans l'exercice de leurs activités, les multinationales peuvent porter atteinte à une multitude de droits de l'homme.

Les droits humains que nous appréhendons dans le cadre de cette étude comme les **droits de l'homme**[20] se définissent comme « l'*ensemble des principes et des normes fondées sur la reconnaissance de la dignité inhérente à tous les êtres humains et qui vise nt à en assurer le respect universel et effectif* »[21]. De façon générale, il est admis par la communauté internationale que les droits de l'homme sont interdépendants et indivisibles. Il est important de relever que cette terminologie couvre une gamme aussi large que variée de droits et libertés, dans la mesure

[18] J G. Ruggie, *Just business*, Londres, W.W. Norton & Company, 2013, p. xxxi.

[19] P. Daillier, M. Forteau, A. Pellet et Q. Dinh Nguyen (dir.). *Droit international public*, LGDJ, Paris, 2009, p. 714

[20] L'expression droits humains est largement répandue, mais dans le cadre de ce travail nous emploierons la terminologie « droits de l'homme », afin de nous aligner à la terminologie traditionnelle léguée par la Déclaration Universelle des droits de l'homme de 1789, et l'expression reprise par le Conseil des droits de l'homme lors de l'adoption des Principes directeurs de l'ONU.

[21] A-J Arnaud & autre, *op. cit.*, pp.209-210

où elle fait référence à une vaste gamme de droits de l'homme qui peuvent être violés par les entreprises dans leurs activités, mais aussi dans leurs interactions avec les individus dans les pays africains. Ils sont donc essentiellement liés à la quête de préservation de la dignité humaine, de l'intégrité, autant qu'à la garantie des besoins fondamentaux au rang desquels figurent des droits aussi divers que sont le droit à la vie, le droit à la liberté de circulation ou encore le droit à un environnement sain. De fait, de nombreuses entreprises dans leurs activités extractives ou d'exploitation portent atteinte à l'environnement et au droit à la santé. Parfois, elles usent aussi de moyens arbitraires pour s'approprier les terres des populations, entraînant dans certains cas des déplacements forcés qui s'accompagnent souvent de meurtres et parfois même de cas de tortures pour garder la main mise sur les ressources. Dans les relations au niveau du travail, par exemple, « *les EMN arrivent avec leurs IDE si nécessaires mais, pour autant que cette démarche soit favorable, les EMN apportent de nouvelles pratiques de travail qui menacent la sécurité d'emploi des travailleurs. On a pu observer l'introduction de l'emploi flexible, de la précarisation, des contrats de durée déterminée et de la sous-traitance de main-d'œuvre. Ces types de contrats de travail menacent l'essence même de la sécurité de l'emploi, telle qu'elle figure dans l'Agenda du travail décent [...]* »[22]. L'impact des activités des EMN est donc loin de la dichotomie traditionnelle dans laquelle sont cantonnés les différents droits dits de première, de deuxième et de troisième génération. Il se produit alors un effet décloisonné et concur-

[22] OIT, « *Les entreprises multinationales, le développement et le travail décent : rapport sur la promotion et l'application de la Déclaration de principes tripartite sur les entreprises multinationales et la politique sociale en Afrique* », Document de conférence, 3 novembre 2015, p. 34

rent, direct ou indirect sur l'ensemble des droits de l'homme[23]. De fait, alors que le droit à la santé ou le droit à l'eau peuvent être affectés par les EMN dans l'exercice de leurs activités, le droit à la liberté d'expression ou à la liberté d'association sont également susceptibles d'être violés chez les personnes employées par les EMN. Les Principes directeurs précisent d'ailleurs que les EMN peuvent causer des incidences négatives, en posant notamment des actions susceptibles de supprimer ou de réduire la capacité des individus à jouir de leurs droits selon trois cas d'espèce : elles peuvent causer une incidence négative à travers leurs propres activités ; en second lieu, elles peuvent y contribuer à travers leurs propres activités, mais par le biais d'une entité externe ; finalement, elles peuvent être impliquées parce que l'incidence est causée par une entité avec laquelle elles entretiennent une relation commerciale liée à ses propres activités, produits ou services[24]. Partant du postulat de l'indivisibilité des droits de l'homme et de la nécessaire égalité dans l'encadrement qui doit leur être dédié, le champ des violations des droits de l'homme abordées dans le cadre de cette étude couvrira à la fois les droits civils et politiques, économiques et sociaux.

Le sujet de la responsabilité des multinationales est une fresque géante qui ne saurait et ne pourrait être abordé de façon approfondie dans un cadre aussi restreint que celui d'une telle étude. Pour des fins de synthèse, nous concentrerons l'étude sur la responsabilité civile transnationale et élaguerons dans cette analyse tous les aspects liés à la responsabilité pénale. Cette délimitation s'explique par le fait

---

[23] L. Lahra, « *Introduction : Quelle place pour la responsabilité des entreprises en droit international* », Int'l L.F. D., 2005, p.235

[24] Haut-Commissariat aux droits de l'homme (HCDH), *La responsabilité des entreprises de respecter les droits de l'homme, Guide interprétatif*, HR/PUB/12/02, 2012, pp. 8,17 en ligne: <http://www.ohchr.org/documents/publications/hr_pub_12_2_fr.pdf> (Site consulté le 14 février 2015)

que les victimes de ce type de contentieux recherchent en général des réparations pécuniaires. Par conséquent, les recours civils apparaissent plus appropriés, puisque : « *Par essence, la responsabilité civile ne vise pas à punir une personne pour avoir eu un comportement intempestif envers autrui, mais à indemniser autrui pour le préjudice subi en raison d'un comportement juridiquement inacceptable de la part d'une autre personne suivant les paramètres propres au droit commun de la responsabilité civile* »[25].

Par ailleurs, cette restriction se justifie aussi du fait de l'absence d'une règlementation spécifiquement destinée à la responsabilité pénale des EMN. En fait, malgré les évolutions récentes accordées au statut des victimes en droit pénal international, l'état actuel de ce droit ne permet pas encore la poursuite des personnes morales. En effet, les négociations ayant eu lieu lors de la rédaction du statut de Rome[26] et visant à doter à la Cour Pénale Internationale de

---

[25] Centre de recherche en droit privé et comparé du Québec, *Dictionnaire de droit privé et Lexiques Bilingues*, Montréal, Yvon Blais, 2003, p. 293

[26] ONU, Conférence diplomatique de plénipotentiaires des Nations Unies sur la création d'une CPI, Doc. A/Conf.183/C.1/WGGP/L.5/Rev.2, 17 juillet 1998, p. 258. La proposition s'énonçait en ces termes : « *Par 5. Sans préjudice de la responsabilité pénale individuelle de personnes physiques en application du présent Statut, la Cour peut également avoir compétence à l'égard d'une personne morale à raison d'un crime visé par le présent Statut. [...] Aux fins du présent Statut, l'expression "personne morale" s'entend d'une entité juridique dont l'objectif concret, réel ou dominant consiste dans la recherche de profits ou avantages privés, et non d'un État ou d'un autre organe public dans l'exercice de l'autorité étatique, ni d'un organe public international ou d'une organisation enregistrée, et agissant conformément à la législation nationale d'un État en tant qu'organisation à but non lucratif. 6. La procédure applicable à une personne morale en vertu du présent article est celle prévue par le présent Statut et par le Règlement de procédure et de preuve correspondant. Le Procureur peut porter des charges contre*

la compétence pour juger les personnes morales n'ont pas abouti. De plus, les initiatives nationales visant à contourner l'impunité des entreprises grâce à une législation universelle pour réprimer les violations ou les cas de complicité de violations des droits de l'homme n'ont pas connu de suites favorables. À cet égard, on peut souligner l'abrogation du 5 août 2003 de la loi belge sur la compétence universelle promulguée le 16 juin 1993[27], qui a débouché sur une loi sur une compétence universelle limitée en raison des nombreux incidents politiques qu'elle a suscités. Nous nous concentrerons donc uniquement pour ce travail sur la mise en œuvre de l'encadrement de la responsabilité civile des EMN en matière de violations des droits de l'homme dans le cadre du contentieux au niveau des juridictions nationales.

Sur le plan spatial, à ce stade, bien que l'étude s'attache à l'analyse des normes sur le plan international, nous limiterons l'examen des cas de violations à celles commises *ipso facto* sur le continent africain, l'idée étant de mettre en lumière ou de faire un état des lieux sommaire de la problématique associée à la présence des multinationales sur le continent africain. Nous n'aborderons toutefois pas la question de la responsabilité des entreprises dans les pays africains en conflit de façon spécifique, puisque cette problématique fait appel à l'application des règles de droit international humanitaire et qu'un cadre aussi restreint que cette étude ne nous permettra pas de couvrir à suffisance. Les contours de l'étude étant ainsi tracés, il importe de

---

les personnes physiques et les personnes morales prises conjointement ou séparément. La personne physique et la personne morale peuvent être jugées ensemble. Si elle est déclarée coupable, la personne morale peut encourir les peines visées à l'article 76 ».

[27] Loi du 5 août 2003 relative à la répression des infractions graves en droit international humanitaire, en ligne : <http://competenceuniverselle.files.wordpress.com/2011/07/loi-du-5-aout-2003-texte-de-loi.pdf> (Site consulté le 28 janvier 2015)

relever les avantages qui se rattachent à l'analyse d'un tel sujet.

L'étude sur la responsabilité des multinationales est d'une importance indéniable dans la mesure où le sujet vient rappeler la nécessaire prise en compte de la place prépondérante qu'occupent désormais les acteurs privés comme les multinationales dans l'échiquier international et transnational. Loin de prétendre épuiser le débat de façon définitive eu égard à la complexité du problème de la responsabilité des EMN, cette recherche a le mérite de faire un état des lieux sur le vide juridique qui semble entourer le contentieux transnational en matière des droits de l'homme en Afrique. Elle permet aussi d'explorer les pistes des procédures non juridictionnelles qui entourent souvent les procédures contentieuses entre les EMN et les individus et qui ont des répercussions sur la réparation des violations et offre un reflet sur le droit international. Enfin, elle permet d'atténuer le malaise dans la relation entre les individus et les entreprises par la mise en exergue et la clarification des statuts juridiques qui définissent de façon cohérente les obligations en matière des droits de l'homme.

Sur le plan théorique, l'étude offre d'examiner le cadre de la responsabilité en mettant en exergue les opportunités et les limites de sa mise en œuvre par les EMN qui œuvrent spécifiquement sur le continent africain.

Alors que sur le plan pratique, l'analyse permettra de présenter les obstacles auxquels font face les victimes en quête de réparation en ressortant les lacunes présentes dans l'encadrement de la protection des droits de l'homme par les EMN exerçant des activités sur le continent africain.

Au-delà des aspects susmentionnés, à plus grande échelle, la valeur de cette étude est manifeste puisqu'elle s'aligne avec les objectifs de développement durable qui encouragent les investissements responsables en ce troisième millénaire.

Une grille de lecture importante sur la question de la violation des droits de l'homme est fournie par les travaux axés sur la situation des EMN concernant le respect des droits de l'homme. Le sujet est richement nourri par des œuvres juridiques qui abordent la question sous le prisme de l'économie et de la protection des droits fondamentaux. Malgré tout, notre étude conserve toute son originalité, dans la mesure où nous axerons principalement l'analyse sur la responsabilité juridique des EMN, tout en examinant l'œuvre particulière des normes internationales dans la foulée de la mondialisation sur la promotion et le respect des droits de l'homme devant les instances judiciaires. *In fine*, la singularité du travail tient aussi au fait que nous offrirons un panorama *in extenso* du contentieux en matière de responsabilité pour des cas de violations des droits de l'homme en Afrique devant le juge étranger avant de mettre en évidence les mécanismes non juridictionnels susceptibles d'encadrer la responsabilité des EMN.

Il faut reconnaître que, si les multinationales contribuent dans une certaine mesure au développement de l'économie en Afrique, il semble se dresser une sorte de véritable balkanisation d'une part entre la recherche du profit et la croissance des investissements par les EMN au détriment de la protection des droits de l'homme d'autre part. La question fondamentale à laquelle il faudra répondre dans le cadre de cette étude est celle de savoir si : l'encadrement actuel et les conditions de mise en œuvre contemporaine de la responsabilité des EMN au niveau africain répondent à l'impératif de protection des droits de l'homme.

Cette interrogation centrale sera nécessairement précédée de la clarification de quelques préoccupations sous-jacentes, susceptibles de fournir des éléments de réponse à la préoccupation centrale : qu'entend-on par responsabilité dans la perspective des relations entre les EMN et les individus ? Quelles sont les règles qui organisent ce régime et quelles modifications peuvent être apportées au statut des EMN afin que les droits de l'homme leur soient opposables ? Autrement dit, le droit international peut-il offrir une protection suffisante aux individus contre les EMN en Afrique ? Comment peut-il suppléer à l'inefficacité de la protection nationale au regard de la récurrence des atteintes ? L'étude pose aussi en filigrane le problème de la justiciabilité des droits économiques et sociaux. En d'autres mots, le fait qu'ils puissent être revendiqués et défendus devant les instances nationales et internationales par les individus contre les multinationales, dans la mesure où parler de responsabilité sous-entend qu'il existe une tribune auprès de laquelle les entreprises puissent être poursuivies.

Deux hypothèses serviront ainsi de cadre pour cette étude. En premier lieu, on partira du postulat selon lequel s'il existe bien une vaste gamme des règles qui prônent le respect et la promotion des droits de l'homme, il reste difficile dans la pratique de trouver des bases solides à l'établissement et la mise en œuvre de la responsabilité juridique des EMN en Afrique.

En second lieu, on considèrera que l'encadrement de la responsabilité des EMN peut être amélioré par les recours devant les juridictions étrangères qui abritent les sièges des maisons mères des EMN violant les droits de l'homme en Afrique. Cette étude montrera également qu'en abolissant les barrières entre le droit dur et le droit mou, un cadre de régulation alternatif peut servir de base angulaire pour tenir les EMN responsables dans leurs interactions relatives aux droits de l'homme en Afrique.

En vue de cerner de façon adéquate la préoccupation centrale qui anime la présente étude, il convient de retenir une approche bipartite.

La première articulation permettra de démontrer que la responsabilité des EMN pour les violations des droits de l'homme souffre de la précarité de son encadrement (première partie) au regard notamment de la déclinaison d'un régime qui contraste avec des objectifs ambitieux de protection des droits de l'homme par les acteurs privés et la réalité de la régulation de ces rapports dans la pratique très souvent insuffisante, et qui en appelle à un nécessaire réaménagement.

La seconde articulation, quant à elle, permettra justement de démontrer que cet encadrement est perfectible (deuxième partie), en mettant en lumière les procédures juridiques viables et les initiatives susceptibles d'offrir un cadre adéquat pour tenir les EMN responsables des violations des droits de l'homme en Afrique.

PARTIE 1

LA PRÉCARITÉ DE L'ENCADREMENT DE LA RESPONSABILITÉ DES MULTINATIONALES EN AFRIQUE

Face aux lacunes des droits nationaux et en l'absence de consensus régional dédié expressément à la protection des droits de l'homme par les EMN dans un instrument juridique contraignant, il est logique de constater qu'il est difficile pour les victimes de tenir les entreprises responsables. Cette difficulté résulte aussi du morcèlement et de l'effritement que subissent les compétences étatiques dans la sphère internationale, et qui semblent réunir les ingrédients nécessaires à la fragilisation de la résolution efficace du contentieux lié aux EMN pour les violations des droits de l'homme. Tel que démontré précédemment, l'État est en perte de puissance et désire attirer des investisseurs ou favoriser une économie de croissance qui ne permet pas toujours le respect et la protection des droits de l'homme par les acteurs privés que sont les EMN.

Si le droit a pour vocation de régir les rapports en veillant à la validité de la norme, mais aussi à son efficacité et à sa capacité à répondre aux préoccupations sociales, il nous offre ici une tribune pour nous intéresser aux multiples raisons qui rendent l'encadrement de la responsabilité des EMN précaire et fragile. Autrement dit, cette première partie nous permettra de nous attarder sur l'ensemble d'instruments internationaux dont la promotion et la portée discursive permettent un encadrement avec plus ou moins de succès au niveau international et en Afrique de la responsabilité des EMN en matière de violations des droits de l'homme.

Il s'agira donc essentiellement de démontrer que la précarité de l'encadrement de la responsabilité des EMN en Afrique découle de la faiblesse du cadre normatif encadrant la responsabilité des EMN au niveau international (Chapitre I), mais également de la fragilité des assises normatives et opérationnelles de la responsabilité des EMN dans le paysage juridique africain et international (Chapitre II).

CHAPITRE I
LES LOURDEURS DE L'ENCADREMENT NORMATIF DE LA RESPONSABILITÉ DES MULTINATIONALES

L'émergence d'une problématique sur la responsabilité des EMN pour violations des droits de l'homme n'est qu'en réalité la face visible des profonds changements causés par l'apparition de nouveaux acteurs sur la scène internationale. Annyssa Bellal affirme d'ailleurs dans le même ordre d'idée que : *« Le droit international est ainsi appelé à adresser le problème de la pluralité d'acteurs et des interactions sociales caractérisant les relations internationales contemporaines. Si les violations des droits de l'homme commises par les acteurs non étatiques à l'intérieur d'un pays ont pu être sanctionnées par les régimes conventionnels, on peine encore aujourd'hui à admettre la responsabilité « directe » de ces acteurs au niveau international, et notamment la responsabilité des entreprises multinationales »*[28].

Le débat pour l'encadrement de la responsabilité des EMN ne date pas d'hier. En effet, plusieurs démarches ont vu le jour tant sur le plan multilatéral qu'international, afin d'offrir un cadre de protection pour les droits de l'homme dans les activités impliquant les entreprises. Une étude chronologique permet de constater la fragilité des tentatives d'encadrement de la responsabilité des EMN au niveau international (Section I) ; des tentatives qui ont tout de même permis de déboucher sur la mise en place d'un cadre plus abouti formé par les Principes directeurs de l'ONU relatifs aux entreprises et aux droits de l'homme (Section II).

---

[28] A. Bellal, *op. cit.*, p. 28

Section I - Les fragiles esquisses de l'encadrement de la responsabilité des entreprises multinationales au niveau international

Afin de mieux cerner les contours de l'évolution de l'encadrement de la responsabilité des EMN, il convient d'examiner dans un premier mouvement la chronologie des initiatives visant à encadrer la responsabilité des EMN dans le temps (§I) avant de présenter les démarches déterminantes (§II) et précurseures à l'adoption des Principes directeurs à destination des EMN qui ne constituent toutefois pas un corpus normatif contraignant.

Paragraphe I - Chronologie de l'évolution chancelante des débats sur l'encadrement de la responsabilité des EMN

L'encadrement de la responsabilité des EMN a fait l'objet de plusieurs rencontres dans les sphères internationales. Le Conseil économique et social de l'ONU a ouvert le bal sur la question en créant la Commission des sociétés transnationales en 1974. Cette commission composée de 48 États avait pour mission d'enquêter sur les activités des sociétés transnationales dans le but de concevoir un code de conduite juridiquement contraignant pour celles-ci. Les négociations ont finalement échoué en 1992, au regard des nombreux désaccords persistant entre les pays industrialisés et les pays en développement, au sujet du traitement accordé aux sociétés transnationales par les normes contenues dans le code. Pour comprendre comment les débats ont évolué pour tenter de créer un cadre propice à l'encadrement de la responsabilité des EMN, il faut examiner les initiatives multilatérales (A) et internationales (B) qui ont précédé l'élaboration du cadre actuel.

A. Les tentatives de la règlementation de la responsabilité des entreprises multinationales au niveau multilatéral

Au niveau multilatéral, en 1976, les principaux pays industrialisés, soucieux d'encadrer les transformations économiques et politiques de l'époque, ont adopté les Principes directeurs de l'OCDE à l'intention des entreprises multinationales. Révisé en 2000, et ensuite 11 ans plus tard, le texte adopte une approche globale qui encadre toutes les activités des entreprises. Ces principes sont des recommandations adressées par les 34 pays membres de l'OCDE et les 11 pays qui y adhèrent aux EMN qui opèrent sur leurs territoires ou à partir de ceux-ci à travers le monde. Ces recommandations non contraignantes incitent les EMN à contribuer de manière constructive à l'amélioration du bien-être et des conditions de vie. Les principes sont formulés dans un style assez précautionneux, qui est matérialisé par l'emploi d'un langage mesuré, démontrant leur caractère suggestif et non contraignant, tant pour les entreprises que pour les États. Critiqués justement pour cette mollesse dans la formulation des obligations touchant à des enjeux aussi importants que les droits de l'homme, force est de reconnaître que ces principes sont loin d'être de simples formules rhétoriques puisqu'ils ont permis l'instauration d'un dialogue structuré sur l'investissement et sur la responsabilité des entreprises. Les Principes directeurs de l'OCDE ont également le mérite d'innover par rapport aux autres textes grâce à la mise en œuvre d'une procédure de « *Circonstance spécifique* » qui permet de déposer un recours auprès du Point de Contact National (ci-après PCN) compétent pour permettre de résoudre un litige portant sur leur application. Ces procédures non contraignantes permettent donc une surveillance relative à leur mise en œuvre et à l'amélioration des principes, et en tant qu'organes ayant un rôle principal de médiation, les PCN participent, de façon quoique limitée, à la mise en œuvre d'un cadre de responsabilité des EMN en offrant un espace dialogue aux victimes des violations des droits de l'homme par les EMN. Par ailleurs, le PCN peut aussi servir de canal pour les gouvernements afin de leur permettre d'envisager les mesures préventives nécessaires à prendre face aux effets négatifs potentiels que peuvent générer les activités des EMN. Néanmoins, la mise en œuvre des procédures des PCN n'a pas pour autant diminué le scepticisme alimenté notamment par « *leur caractère essentiellement volontaire, leur formulation de principes parfois vagues, leur reconnaissance de la primauté de la législation nationale et l'absence de mécanisme de mise en œuvre contraignant pour assurer leur suivi* ».

B. Les initiatives d'encadrement au niveau international

En 1977, la Déclaration de principes tripartite sur les entreprises multinationales et la politique sociale fut adoptée par l'OIT avant d'être révisée successivement en 2000 et en 2006. De vocation universelle, la Déclaration de principes tripartite est décrite comme l'unique texte international portant sur la responsabilité sociale et les droits fondamentaux des travailleurs qui formalise substantiellement les liens entre le droit dur et le droit mou en servant ainsi de point de contact concret entre la sphère publique et l'espace privé. Le texte, qui s'adresse tant aux organisations d'employeurs et aux travailleurs qu'aux EMN et aux gouvernements des États membres, ne prévoit pourtant pas de dispositif clair quant à la mise en œuvre des conditions de la responsabilité des EMN pour les violations des droits de l'homme. Il énonce simplement que : « *les gouvernements, de même que les entreprises multinationales, de tous les pays devraient prendre des mesures appropriées pour faire face aux répercussions des activités de ces entreprises sur l'emploi et le marché du travail.* ». Toutefois, pour bon nombre d'auteurs, bien que les principes n'aient pas de force obligatoire au plan juridique, la Déclaration ne se limite pas à formuler des vœux pieux puisqu'elle participe dans une certaine mesure « *à la formation d'une opinio juris à l'échelon mondial sur la responsabilité des entreprises multinationales* ». Elle a ainsi le mérite de réaliser une synchronisation appréciable des normes très souvent éparpillées et trop diffuses pour pouvoir s'adapter à une protection sectorielle efficace de l'individu. Cependant, des critiques identiques à celles formulées à l'égard des Principes directeurs de l'OCDE ont été avancées notamment sur le plan de la mise en œuvre. À l'heure actuelle, cet instrument ne fournit pas un cadre régulatoire suffisant et contraignant dans l'encadrement des activités des EMN.

Ces différentes tentatives, qui démontrent bien une certaine volonté des États de répondre aux défis posés par la présence des EMN sur la scène internationale, ont conduit à l'instauration d'un dialogue global pour la mise en œuvre d'un cadre qui prend en compte les acteurs non étatiques dans la protection des droits de l'homme. Toutefois, certaines démarches ont été plus déterminantes quelques décennies plus tard pour l'édification, quoiqu'embryonnaire, de l'ébauche d'un cadre en ce qui a trait à la responsabilité des EMN.

Paragraphe II - Les démarches relativement déterminantes dans l'encadrement de la responsabilité des entreprises

En 1998, dans une tentative pragmatique visant à encadrer la responsabilité des EMN sur le plan international, la Sous-Commission a lancé une initiative audacieuse, qui s'est toutefois soldée par un échec cuisant. Nous analyserons dans un premier temps ladite initiative en examinant le mandat confié par la Sous-Commission en matière de respect des droits de l'homme par les entreprises (A), avant d'examiner dans une seconde articulation les raisons de cet échec (B) qui a toutefois pavé la voie à l'élaboration du cadre actuel.

A. Le mandat du groupe de travail par la Sous-Commission de la promotion et de la protection des droits de l'homme

Un mandat fut donné à un groupe de travail par la Sous-Commission de la promotion et de la protection des droits de l'homme pour entamer une réflexion et faire des propositions sur les activités des sociétés transnationales. Au terme de plusieurs consultations et études, le Groupe proposa pour la première fois dans l'histoire un projet de Normes sur la responsabilité en matière de droits de l'homme des sociétés transnationales et autres entreprises doté d'une force obligatoire et contraignante qui fut adopté à l'unanimité par la Sous-Commission en août 2003. Le projet de Normes visait clairement la transposition d'obligations liées au respect et à la protection des droits de l'homme destinées aux États aux entreprises considérées comme organes de la société sur le fondement de la Déclaration universelle des droits de l'homme.

Le projet « *avait le grand mérite de constituer une grille de lecture précise et détaillée, une check-list pour les entreprises, afin d'éviter l'abstraction du pacte mondial et la sélectivité de certains codes de conduite volontaires qui omettent des pans essentiels du droit international des droits de l'homme* ». Le projet de Normes apportait également une définition claire du concept de « *société transnationale* » contrairement aux autres textes précédemment cités. Il dressait également un inventaire complet des sources de droit et avait une portée universelle. Le texte prévoyait expressément que les EMN qui violeraient les droits de l'homme lors de leurs activités devraient offrir une réparation aux victimes.

B. Les échecs des initiatives de la Sous-Commission des droits de l'homme et la répercussion de ses travaux

Malgré la bonne volonté affichée par la Sous-Commission des droits de l'homme, elle s'est heurtée à un mur solide de la Commission des droits de l'homme (l'actuel Conseil des droits de l'homme), qui a stoppé tout élan d'encadrement juridique en la matière. De surcroît, cette tentative a malheureusement définitivement tué toute ambition de codification formelle et contraignante de la responsabilité des EMN, en saluant le travail de la Sous-Commission avant de rejeter l'adoption du projet de Normes, sans lui accorder une valeur juridique. Ce projet mort-né a été l'objet de nombreuses critiques, parce que perçu comme porteur d'une dynamique séditieuse susceptible de constituer une menace sérieuse pour les investissements transnationaux. Mireille Delmas-Marty explique d'ailleurs ces réticences par le paradoxe auquel est confrontée la société en raison de la mondialisation. On observe en effet un renversement dans la hiérarchie des valeurs où : « (...) *seuls les concepts relatifs au marché (dans ses diverses formes) seraient déjà d'application universelle, et où en revanche les dispositifs liés aux droits de l'homme, bien que proclamés universellement, resteraient dans la pratique dépendants de l'ordre juridique national, donc soupçonnés d'arrière-pensées protectionnistes et déclarés comme tels incompatibles* »[29].

Néanmoins, malgré le désaveu du travail de la Sous-Commission, cette tentative a tout de même permis une systématisation des droits fondamentaux et précisément des droits fondamentaux au travail souvent effacés au passage dans certains instruments. Elle a par ailleurs encouragé ou inspiré d'autres initiatives dans la sphère internatio-

[29] M. Delmas-Marty, *Globalisation économique et universalisme des droits de l'homme*, Montréal, Thémis, 2004, p. 11

nale, à l'instar du Global compact ou « *Pacte Mondial* ». Cette initiative née du Secrétaire général de l'ONU de l'époque, Kofi Annan, et lancée le 25 juillet 2000, se veut un instrument de responsabilité citoyenne faisant la promotion de dix principes fondamentaux en matière de droits de l'homme, droit de l'environnement, droits fondamentaux au travail et de prévention de la corruption.

L'œuvre de la Sous-Commission a finalement permis d'ouvrir des perspectives et d'aboutir au cadre actuel, puisque la Commission a chargé le secrétaire général de l'ONU d'établir un mandat à l'intention d'un Représentant spécial « *chargé de la question des droits de l'homme et des sociétés transnationales et autres entreprises* » pour engager une nouvelle tentative visant à encadrer la responsabilité des EMN au niveau global.

Section II - L'adoption ardue des Principes directeurs de l'ONU à destination des entreprises multinationales

En l'absence d'un instrument normatif à vocation contraignante qui encadre la responsabilité internationale des EMN, il n'existe pas d'obligations internationales directes obligeant les EMN à respecter les droits de l'homme. Il faut alors trouver les bases de la responsabilité pour les violations des EMN dans les Principes directeurs de l'ONU qui nous serviront de fil conducteur dans cette étude. Si les Principes directeurs n'édictent pas d'obligations juridiques à l'égard des EMN, ces dernières ont toutefois la responsabilité de respecter les droits. Il apparaît donc utile ici de retracer les étapes qui ont mené à l'adoption des Principes directeurs (§I) avant d'examiner le pilier qui offre les éléments normatifs relatifs à l'édification d'un cadre pour la responsabilité des EMN proprement dit (§II).

Paragraphe I - Les étapes de l'adoption des Principes directeurs

Les efforts de la communauté internationale pour l'encadrement juridique de la responsabilité des multinationales remontent à plusieurs décennies. Depuis les années 70, plusieurs avenues ont été explorées afin d'établir un dispositif global, multilatéral et universel permettant la règlementation de la conduite des multinationales[30]. Toutes ces initiatives ont évolué en même temps que se consolidait progressivement sur la sphère internationale la notion de la responsabilité sociale de l'entreprise (ci-après RSE). Afin de favoriser l'émergence d'un cadre pour la responsabilité des EMN en cas de violation des droits de l'homme, de longues démarches ont été engagées (A), avant d'aboutir à un cadre déterminant pour encadrer les activités des EMN (B).

A. Historique de l'émergence d'un cadre de régulation propre aux entreprises multinationales en matière de protection des droits de l'homme

Nommé en 2005, John Ruggie fut chargé d'approfondir la réflexion devant mener à un cadre de référence sur : « *le rôle des États dans la règlementation et le contrôle efficace du rôle des sociétés transnationales et autres entreprises en matière de droits de l'homme [...] ; et à établir un recueil des meilleures pratiques des États, ainsi que*

[30] HCDH, *Rapport du Secrétaire général sur l'effet des activités et des méthodes de travail des sociétés transnationales sur la pleine jouissance de tous les droits de l'homme, en particulier les droits économiques, sociaux et culturels et le droit au développement, compte tenu des directives, règles et normes internationales existant sur ce sujet*, Doc. N.U. E/CN.4/Sub.2/1996/12 (17 juin 1996) para. 60, p. 21, <http://daccess-dds-ny.un.org/doc/UNDOC/GEN/G96/130/59/PDF/G9613059.pdf?OpenElement> en ligne, (Site consulté le 22 février 2016)

des sociétés transnationales et autres entreprises aux niveaux national, régional et international, pour améliorer l'accès à des recours efficaces des personnes, dont les droits de l'homme, sont touchés par les activités d'une entreprise »[31]. Après six années d'investigations menées à travers les cinq continents, dont une cinquantaine de consultations internationales, le résultat a abouti à un texte répertoriant les obligations des EMN selon des *Principes directeurs*. Il s'agit du premier instrument normatif encadrant la responsabilité des entreprises et des États qui a été approuvé par le Conseil des droits de l'homme et sans avoir été de surcroît conçu par les gouvernements eux-mêmes[32].

Le travail de Ruggie, qui réconcilie en quelque sorte les protagonistes de la protection des droits de l'homme et les défenseurs des intérêts économiques, a reçu un accueil mitigé[33]. Il faut malgré tout reconnaître que les *Principes directeurs* offrent pour l'instant le cadre le plus abouti pour servir de base à l'édification de limites pour la responsabilité des EMN en matière de violations des droits de l'homme à travers les trois piliers qui forment le cadre de référence. Il faut alors se plonger dans l'étude des piliers qui forment la base angulaire des principes pour en déterminer sa portée.

[31] Conseil des Droits de L'homme, Mandat du Représentant spécial du Secrétaire général chargé de la question des droits de l'homme et des sociétés transnationales et autres entreprises, Doc. N.U. A/HRC/RES/8/7, 8ème sess., (18 juin 2008)

[32] J. RUGGIE, *op. cit.*, 5, p. xx.

[33] Au niveau multilatéral, l'OCDE a par exemple la même année de la publication des Principes, intégré un nouveau chapitre portant sur les droits de l'homme lors de la révision de ses *Principes directeurs* de 2011, tandis qu'au niveau de la société civile, plusieurs instances ont critiqué cette approche non contraignante dans l'encadrement de la responsabilité des EMN.

B. Les piliers formant les Principes directeurs pour la protection des droits de l'homme par les entreprises

Le premier pilier fondateur du cadre pour la protection des droits de l'homme par les entreprises fait référence à l'obligation des États de protéger. Il énonce clairement que : « *Les États ont l'obligation de protéger lorsque des tiers, y compris des entreprises, portent atteinte aux droits de l'homme sur leur territoire et/ou sous leur juridiction. Cela exige l'adoption de mesures appropriées pour empêcher ces atteintes, et lorsqu'elles se produisent, enquêter à leur sujet, en punir les auteurs, et les réparer par le biais de politiques, de lois, de règles et de procédures judiciaires* ». Ce qui sous-entend qu'en vertu des instruments normatifs de droit international, les États pourraient manquer à leurs obligations lorsque les atteintes et les violations des droits de l'homme peuvent leur incomber ou lorsque les mesures et dispositions nécessaires ne sont pas mises en œuvre pour empêcher les atteintes par les EMN. Pour ce faire, les États devraient donc énoncer de façon claire les attentes qu'ils ont envers toutes les entreprises domiciliées sur leur territoire et sous leur juridiction, en l'occurrence le respect des droits de l'homme dans l'exercice de toutes leurs activités. De façon pratique, il s'agit donc pour les États de mettre en application des lois exigeant des entreprises qu'elles respectent les droits de l'homme. Les États sont aussi tenus, sur une base périodique, de faire une évaluation de la validité de ces lois et d'en combler les éventuelles lacunes.

De plus, les Principes directeurs énoncent que les États doivent non seulement fournir des orientations effectives aux entreprises sur la manière de respecter les droits de l'homme dans toutes leurs activités ; mais également « inciter les entreprises à faire connaître la façon dont elles gèrent les incidences de leurs activités sur les droits de l'homme, et de les y contraindre en cas d'atteintes »[34]. Par ailleurs, les États sont également encouragés selon les Principes directeurs à exercer un contrôle adéquat, afin de satisfaire à leurs obligations internationales en matière de droits de l'homme lorsqu'ils s'assurent par contrat auprès d'entreprises de services qui peuvent avoir une incidence sur l'exercice des droits de l'homme, tout en promouvant le respect des droits de l'homme par les entreprises avec lesquelles ils effectuent des transactions commerciales. Finalement, les Principes précisent aussi que les États doivent veiller à ce que les ministères, les organismes d'État et autres institutions publiques qui ont un impact sur le comportement des entreprises connaissent les obligations de l'État en matière de droits de l'homme en fournissant à ces entités les informations, la formation et le soutien nécessaires[35].

Le deuxième pilier que nous aurons l'occasion d'examiner dans la prochaine section s'articule quant à lui autour de la responsabilité proprement dite pour les EMN de respecter les droits de l'homme.

Le troisième pilier quant à lui fait référence à la nécessité de faciliter un accès plus effectif à des voies de recours et des mesures de réparation pour les victimes de violations causées par des entreprises. Il énonce en effet que : *« Lorsque les entreprises déterminent qu'elles ont eu des incidences négatives, ou y ont contribué, elles devraient prévoir des mesures de réparation ou collaborer à leur mise en œuvre suivant des procédures légitimes »*[36]. Concrètement, il s'agit pour les EMN de contribuer à la mise en place de procédures qui visent à fournir un recours pour remédier à une incidence négative sur les droits de l'homme et dont *l'issue* peut contrebalancer, ou rendre

[34] Principes directeurs ONU, p. 5
[35] Principes directeurs ONU, principe 8, p. 12
[36] Principes directeurs ONU, principe 22

positives lesdites atteintes[37]. La réparation peut ainsi prendre un éventail de formes, en l'occurrence des excuses, la restitution, la réhabilitation, ou la compensation financière. »[38] Les entreprises sont ainsi appelées à établir des mécanismes de réclamation au niveau opérationnel ou y participer pour les individus et les collectivités qui risquent d'être lésés[39].

À travers l'approche triangulaire formée par l'obligation pour les États de protéger la responsabilité pour les entreprises de respecter les droits de l'homme et la nécessité de faciliter les voies de recours et la réparation, les Principes directeurs pavent donc la voie pour la mise sur pied d'un cadre normatif pour le respect des droits de l'homme. C'est dans ce sens le Haut-Commissaire a affirmé avant qu'ils ne soient entérinés que : « *Les Principes directeurs clarifient la responsabilité des entreprises en matière de droits de l'homme. Ils entendent fournir la première norme mondiale pour prévenir et prendre en compte le risque d'incidence négative sur les droits de l'homme lié aux activités des entreprises. S'ils sont entérinés, les Principes directeurs constitueront un corpus normatif qui fera autorité et qui donnera par ailleurs une orientation concernant les mesures juridiques et politiques que les États peuvent mettre en place, en conformité avec leurs obligations en matière de droits de l'homme, afin de veiller à ce que les entreprises respectent les droits de l'homme* »[40].

Il s'avère donc nécessaire d'examiner en profondeur dans la prochaine articulation le contenu du deuxième pilier qui constitue l'objet de notre étude.

---

[37] HCDH, Guide interprétatif, op.cit.
[38] *Ibid.*
[39] *Ibid.*, Principe 29
[40] *Ibid.*, p. 2

Paragraphe II - Le deuxième pilier : la responsabilité pour les entreprises multinationales de respecter les droits de l'homme

Les *Principes directeurs* de l'ONU énoncent clairement que le respect des droits de l'homme est la norme mondiale de conduite attendue des entreprises[41]. Les EMN doivent donc obligatoirement, dans l'exercice de leurs activités, s'assurer que les droits de l'homme sont protégés, et « *il ne s'agit pas d'actions de bénévolat – même si elles sont les bienvenues – loin de [leurs] activités fondamentales* »[42]. Il convient donc d'examiner brièvement le contenu des droits que les EMN doivent respecter (A) avant de mesurer l'étendue de cette responsabilité pour les EMN de respecter les droits de l'homme qui s'y attache dans sa mise en œuvre (B).

A. Le contenu des droits à respecter

La responsabilité des EMN de respecter les droits de l'homme porte sur les droits reconnus au niveau international. La plupart de ceux-ci peuvent être énoncés dans le droit ou dans les règlements nationaux des pays où sont établies les EMN. Toutefois, afin d'universaliser les standards de protection, les *Principes directeurs* ont compilé les instruments contenant les droits que les EMN se doivent de respecter. Au rang de ceux-ci figurent les droits inscrits dans la Charte internationale des droits de l'homme qui se compose de la *Déclaration universelle des droits de l'homme* et des Pactes internationaux relatifs aux droits civils et politiques et aux droits économiques, so-

---

[41] HCDH, Guide interprétatif, p. 15. Voir aussi OCDE, *Les Principes directeurs de l'OCDE à l'intention des entreprises multinationales*, *op. cit.*, para. 37, p. 40

[42] HCDH, Guide interprétatif, p. 17

ciaux et culturels[43]. Les EMN doivent également se conformer aux principes et droits fondamentaux au travail énoncés dans la *Déclaration de l'OIT relative aux principes et droits fondamentaux au travail*. Les droits concernés font référence à la liberté d'association et le droit de négociation collective, l'élimination du travail obligatoire, l'abolition du travail des enfants, et l'élimination de la discrimination en matière d'emploi et de profession[44]. La responsabilité de respecter les droits de l'homme peut dépasser le cadre des instruments précités dans les circonstances où les EMN dans leurs activités interagissent directement ou indirectement avec certains groupes spécifiques. À cet égard, les droits des peuples autochtones, des femmes, des minorités nationales ou ethniques, religieuses et linguistiques, des enfants, des personnes handicapées, des travailleurs migrants et de leurs familles doivent faire l'objet d'une attention particulière de la part des EMN puisque les personnes issues de ces catégories sont réputées pour être plus vulnérables[45].

De façon concrète, la responsabilité qui incombe aux EMN de respecter les droits de l'homme s'étend à tous les droits sans discrimination, sachant qu'il n'existe pas « *de crédit compensatoire pour atteinte aux droits de l'homme* »[46]. En effet, le manquement aux droits humains dans un domaine ne pourrait effacer ou annuler un avantage accordé dans un autre domaine[47]. Il est également important de souligner que cette responsabilité s'applique de façon identique, sans distinction quant à la structure ou à la taille de l'entreprise, de son secteur ou de son cadre de

[43] Principes directeurs de l'ONU, principe 12
[44] *Ibid.*
[45] HCDH, Guide interprétatif, p. 14
[46] HCDH, Guide interprétatif, p.17
[47] *Ibid.*

fonctionnement et de son régime de propriété[48]. De fait, l'organisation structurelle des EMN peut souvent brouiller l'identification de l'entité à laquelle incombe la responsabilité de respecter les droits de l'homme. Les *Principes directeurs* énoncent à cet effet que la structure sociale du groupe n'affecte en aucune façon l'obligation de respecter et de faire respecter les droits fondamentaux des individus par les filiales qui sont soumises à des degrés de contrôle variés de la part de la société mère, qui exerce aussi un niveau varié d'autorité. Ce qui importe donc finalement, c'est la façon selon laquelle les EMN s'organisent pour veiller à ce que les droits de l'homme soient respectés dans la pratique, à travers notamment des accords contractuels, des systèmes de gestion internes, ou des structures de gouvernance[49].

En outre, les EMN restent également les débitrices de la responsabilité de respecter les droits de l'homme, quel que soit le cadre juridique local ou politique[50] du pays où elles exercent leurs activités. En effet, tel que nous le verrons dans les prochaines sections de cette étude, les EMN opèrent souvent dans les pays où l'encadrement des droits de l'homme est faible ou mal appliqué. Le cadre de référence des *Principes directeurs de l'ONU* énonce donc à ce propos que le fait pour un État de ne pas appliquer sa législation nationale ou d'enfreindre ses obligations internationales en matière de droits de l'homme est sans effet sur la responsabilité des entreprises de respecter les droits de l'homme. En d'autres termes, cette responsabilité n'est pas confinée à la conformité avec les dispositions du droit national, mais transcende le cadre légal en vigueur pour

---

48 Principes directeurs ONU, Principe 14

49 HCDH, Guide interprétatif, p. 25

50 Principes directeurs ONU, pp. 29-30. C'est le cas des pays en conflits armés ou des pays en proie à des tensions et troubles politiques internes.

être appliquée en toutes circonstances par les EMN « *et constitue une norme mondiale de conduite attendue, applicable à toutes les entreprises, dans toutes les situations* »[51]. Il est par conséquent attendu des EMN qu'elles se gardent de compromettre les capacités des États à remplir leurs propres obligations en matière de droits de l'homme par la prise de mesures susceptibles d'affaiblir l'intégrité des processus judiciaires[52].

B. Les modalités de mise en œuvre du deuxième pilier

La responsabilité de respecter les droits de l'homme exige des entreprises qu'elles évitent d'avoir des incidences négatives ou qu'elles y contribuent par leurs propres activités et qu'elles remédient à ces incidences lorsqu'elles se produisent[53]. Elle suppose également que les EMN s'efforcent de prévenir ou d'atténuer les incidences négatives sur les droits de l'homme directement liées à leurs activités, leurs produits ou leurs services par leurs relations commerciales[54]. Par conséquent, la mise en œuvre de la responsabilité de respecter les droits de l'homme passe par l'opérationnalisation de certains principes qui s'articulent notamment autour d'un engagement politique[55] et de la mise en place d'une procédure de dili-

---

[51] HCDH, Guide interprétatif, p. 15

[52] Principes directeurs ONU, Principe 11

[53] *Ibid.*, Principe 13, a)

[54] *Ibid.*, Principe 19. À cet effet, afin de prévenir et d'atténuer les incidences négatives de leurs activités avec une plus grande efficacité, les EMN sont appelées à tenir compte des résultats de leurs études d'impact. Elles doivent ainsi s'assurer que la responsabilité de remédier à ces incidences est assignée, de même que le processus décisionnel interne, les allocations budgétaires et les processus de contrôle doivent permettre de prendre des mesures efficaces contre les incidences avérées, Principe 19 para. a) i, ii.

[55] *Ibid.*, Principe 16. Cet engagement doit être approuvé au plus haut niveau de l'entreprise, mais également établi en recourant aux compé-

gence raisonnable. La diligence raisonnable vise à faciliter l'identification des incidences sur les droits de l'homme, à les prévenir pour en atténuer les effets et à établir des procédures permettant de remédier à ces éventuels incidents[56]. À ce stade de notre analyse, nous faisons l'économie de notre raisonnement pour réserver un développement plus consistant sur cette question lorsque nous examinerons les voies émergentes pour encadrer la responsabilité des EMN dans le dernier chapitre de cette étude.

Ultimement, le principe de la responsabilité de respecter les droits de l'homme suppose également que les EMN assument les conséquences découlant de leurs activités directes ou indirectes, en remédiant aux conséquences de leurs activités sur les droits de l'homme[57]. En effet, considérant la réalité selon laquelle il est rationnellement impossible de prévoir avec certitude que les EMN puissent exercer leurs activités sans causer ou contribuer à une incidence négative par leurs activités directes ou indirectes sur les droits de l'homme[58], les EMN sont appelées à contrôler l'efficacité des mesures qui ont été prises pour remédier aux incidences. Elles doivent y procéder en effectuant des contrôles fondés sur des indicateurs qualitatifs et quantitatifs appropriés et sur les consultations internes à l'entreprise et avec les victimes[59]. De plus, les *Principes directeurs* énoncent que les EMN doivent remédier efficacement à ces incidences en prenant des dispositions pour assurer une communication transparente et fiable, officielle et publique, sur les mesures prises pour pallier aux

---

tences internes et/ou externes de l'entreprise. Il doit aussi être accessible au public et faire l'objet d'une communication interne et externe au profit de l'ensemble du personnel, des partenaires commerciaux et aux autres parties concernées.

[56] *Ibid.*, Principe directeur 15

[57] *Ibid.*, Principe 11 et 13 para. a).

[58] JOHN RUGGIE, *op. cit.*, p. 115

[59] HCDH, *Guide interprétatif*, Principe 20

incidences négatives[60]. Il peut s'agir notamment d'entretiens personnels, de l'institution de dialogues en ligne, de consultations avec les acteurs concernés et de rapports officiels ayant contribué à l'identification des incidences négatives sur les droits de l'homme et la façon dont les EMN y remédient[61]. Ces mesures de communication doivent se destiner aux individus ou aux groupes susceptibles d'être touchés, aux autres acteurs pertinents ainsi qu'aux investisseurs[62]. Les EMN devraient en outre s'assurer au cours du processus de communiquer aussi fréquemment que surviennent les incidences négatives. L'objet de la communication doit quant à lui être facile d'accès pour les destinataires et contenir suffisamment d'information pour permettre l'évaluation de l'efficacité des mesures prises, sans porter préjudice aux prescriptions légitimes en matière de confidentialité[63].

Enfin, le deuxième pilier des Principes directeurs consiste, pour les EMN, à remplir une vaste gamme d'obligations positives et négatives pour protéger et s'abstenir de porter atteinte aux droits de l'homme. Malgré ces évolutions notables sur la scène internationale, on ne peut ignorer le fait que les bases normatives pour la mise en œuvre de la responsabilité des EMN sont encore fragiles tant au niveau africain qu'international au regard de certaines pesanteurs juridiques et pratiques que nous analyserons dans le prochain mouvement de l'étude.

---

[60] *Ibid.*, Principe 21

[61] Principes directeurs ONU, Principe 21, p.27

[62] *Ibid.*, p.27 et 28

[63] HCDH, *Guide interprétatif*, Principe 21

CHAPITRE II
LA FRAGILITÉ DES ASSISES OPÉRATIONNELLES DE LA RESPONSABILITÉ DES MULTINATIONALES

Les récentes évolutions en matière d'encadrement de responsabilité des EMN sur le plan international n'occultent pas les difficultés qui s'attachent à la protection des droits de l'homme. Le droit des sociétés consacre le principe classique de l'autonomie juridique des sociétés qui les met à l'abri d'une éventuelle mise en cause de la responsabilité des sociétés mères, « *titulaires réels du pouvoir* », en cas de dommages causés par les filiales. L'existence de personnalités morales distinctes est en effet justifiée par des intérêts économiques, puisque cette technique « *en même temps qu'elle constitue un outil de mobilisation des capitaux nécessaires aux investissements est un « écran » qui protège le pouvoir économique par le cantonnement des risques* ». Remettre en cause le principe de la responsabilité limitée des sociétés pourrait non seulement diminuer l'attractivité de la technique sociétaire, mais aussi, de façon plus générale, déstabiliser l'ordre économique, dans le cas où il y aurait des faillites à la chaîne dans le cadre des procédures collectives. À ces pesanteurs au niveau interne se superposent les obstacles qui s'attachent à la reconnaissance d'un statut juridique aux EMN (Section I) et les difficultés liées à la mise en œuvre et à l'opérationnalisation de la responsabilité des EMN dans le paysage juridique africain et international (Section II).

Section I - Les obstacles liés à la reconnaissance d'un statut juridique aux multinationales

Sur le plan interne, dans les droits nationaux, il existe une grande disparité dans l'encadrement des activités des EMN. En effet, il n'existe pas de coordination, ou de coopération, permettant aux différents systèmes juridiques nationaux de converger vers une base commune pour rigoureusement encadrer les litiges impliquant les EMN qui sont pourtant rattachées à des ordres juridiques internes différents. Ces dernières peuvent donc profiter des failles et des faiblesses de chaque système en instrumentalisant les normes disponibles en fonction de leurs intérêts. Isabelle Daugareilh explique d'ailleurs bien ce phénomène : « *Seule la loi nationale et en premier chef, celle sur le territoire duquel s'est produit le dommage est en principe applicable. Nombreux sont donc les dommages restés impunis en vertu de la loi locale, et rares sont ceux qui ont pu donner lieu à la réparation en vertu de la loi du siège de l'entreprise transnationale. C'est pourquoi, la complexité des montages juridiques, la multi localisation des établissements, leur mobilité, leur volatilité, leur invisibilité et leur insaisissabilité conduisent toujours à des scénarios relativement complexes de restitutions dans des opérations de recherche en responsabilité des dommages causés* »[64].

De façon concrète, nous examinerons les limites liées à la reconnaissance de la personnalité juridique des EMN (§I) et ceux qui s'attachent à l'opposabilité des droits violés par les EMN en matière de droits de l'homme (§II).

---

[64] I. Daugarheil, *op. cit.*, p. XIV.

Paragraphe I - La question de la personnalité juridique des entreprises multinationales

En droit international, la répression des violations commises par les EMN reste difficile à mettre en œuvre dans la mesure où ces dernières ne sont pas encore reconnues comme des sujets de droit international. Malgré la mondialisation et le développement des échanges internationaux, il subsiste toujours de grandes réticences de la part des États à octroyer un statut analogue aux EMN. Bien que le sacro-saint principe de souveraineté soit progressivement remis en cause par la prépondérance et l'influence grandissante des acteurs privés, les États se préservent toujours le pouvoir de réguler leurs affaires internes. À ce titre, les États jaloux de leur souveraineté s'opposent à la consécration des acteurs économiques comme sujets majeurs de droit international. La principale raison de cette réticence reste liée à l'argument principal selon lequel les EMN ne disposent pas de la personnalité juridique en droit international. En effet, la personnalité juridique est « *le masque dont [sont revêtus les États] pour pouvoir invoquer des droits subjectifs sur la scène internationale* »[65]. Or, la question du statut juridique des EMN en droit international reste floue et le débat sur la question de la personnalité juridique, qui doterait par ricochet les entreprises d'un statut juridique en droit international, reste ouvert. Il s'agit donc à ce stade de la recherche d'examiner les obstacles qui se dressent pour la reconnaissance du statut juridique aux EMN (A) et les nuances y afférentes (B).

---

[65] M. Salah, *Les contradictions du droit mondialisé,* Paris, Presses Universitaires de France, 2002, p. 174.

A. Les pesanteurs liées à la reconnaissance de la personnalité juridique internationale aux entreprises multinationales

Plusieurs obstacles se dressent contre la reconnaissance et l'attribution d'un statut juridique international aux EMN. Une première école de pensée rejette la possibilité que soit reconnue aux entreprises la personnalité juridique internationale au motif que ces dernières ne possèdent pas les attributs permettant de reconnaître qu'une entité est un sujet du droit international tel qu'établi par la Cour Internationale de Justice (ci-après CIJ)[66]. Dans un célèbre avis rendu en 1949, la Cour avait en effet énoncé que deux conditions sont nécessaires à la reconnaissance du statut de « *sujet* » de droit international. Il s'agit notamment de la capacité d'être titulaire de droits et de devoirs internationaux et la capacité de se prévaloir de ces droits par voie de réclamation internationale grâce au *locus standi* devant les instances internationales[67]. En effet, les EMN ne sont pas les destinataires des normes internationales, elles ne peuvent pas exercer leurs droits au niveau international et encore moins être soumises à des obligations internationales. De plus, elles ne peuvent pas saisir les juridictions internationales pour se prévaloir de leurs droits dans la mesure où les traités instituant ces tribunaux offrent un droit d'accès aux États ou aux individus[68].

---

[66] Dans ce sens, voir C. B. Daoued, *Les perspectives de règlementation des activités des sociétés transnationales en l'absence d'un consensus sur la question de leur personnalité juridique internationale : l'exemple des compagnies privées de sécurité*, Mémoire, Montréal, Faculté des études supérieures, Université du Québec à Montréal, 2008, pp. 19-23

[67] CIJ, *Réparation des dommages subis au service des Nations Unies*, Avis consultatif du 11 avril 1949, Rec. 1949, p. 179

[68] La CIJ par exemple est un organe judiciaire qui tranche les litiges opposant les États au sujet des litiges les opposant, voir *Charte des Nations Unies*, 26 juin 1945, RT Can 1945 no 7 à l'art.92. Tandis que

Toutefois, cet argument peut être remis en cause puisque les EMN peuvent être également titulaires de droits et de devoirs, et qu'elles peuvent se prévaloir de ceux-ci par voie de réclamation internationale en entreprenant des recours directs à l'encontre des États devant les tribunaux arbitraux à caractère international pour régler les différends en matière d'investissement[69].

Une seconde école propose donc d'ajouter aux conditions énoncées par la CIJ trois autres exigences qui permettraient de différencier un sujet de droit international et un sujet de droit interne[70]. Au rang de celles-ci figurent la capacité de conclure des traités, la capacité d'établir des relations diplomatiques et celle de participer aux mécanismes généraux de la responsabilité internationale. Or, dans la pratique, les EMN ne participent pas au jeu des relations internationales, puisque, n'ayant ni territoire ni gouvernement, elles ne peuvent, par exemple, envoyer des représentants diplomatiques participer à la vie internationale. Elles ne peuvent pas non plus conclure des traités, bien que les accords qu'elles passent avec les États aient une force juridique, et enfin elles ne peuvent voir leur responsabilité internationale engagée puisque cette théorie ne s'applique qu'aux États[71]. Finalement, une troisième école

---

la Cour Pénale Internationale a vocation à juger les individus, voir *Statut de Rome de la Cour pénale internationale*, 17 juillet 1998, 2187 R.T.N.U.3 à l'art. 25

[69] P. Dumberry, « *L'entreprise sujet de droit international ? Retour sur la question à la lumière des développements récents du droit international des investissements* », Revue Générale de Droit international Public, 2004, p. 105

[70] J. Combacau et S. Sùr, *Droit international Public*, Paris, éditions Montchrestien, 3ème éd., 1997, pp. 312-315, dans le même sens, C. Dominicé, « *L'accord de siège conclu par le comité international de la Croix-Rouge avec la Suisse* », Revue Générale de Droit international Public 1999, pp. 18-20

[71] O. De Schutter, « Le contrôle du respect des droits de l'homme par les sociétés transnationales : le rôle de l'État d'origine », dans M-A

de pensée aux penchants plus idéologiques s'oppose à la reconnaissance d'une personnalité juridique internationale aux EMN, cette reconnaissance pouvant officialiser la domination économique de ces dernières dans la sphère internationale[72]. Cette sorte de légitimation pourrait, par conséquent, nuire principalement aux intérêts des pays en voie de développement, puisque les EMN représenteraient les intérêts des pays riches, et, de façon plus générale, pourrait fragiliser la stabilité des relations internationales. L'idéologie libérale qui prône les valeurs et les grands principes comme les libertés ou l'égalité des individus pourrait ainsi être mise à mal par ces nouveaux acteurs[73].

Cependant, l'opposition à la reconnaissance d'une personnalité juridique aux EMN dans l'arène du droit international peut être réfutée. Dans l'avis consultatif de la CIJ par exemple, la Cour avait en effet admis que dans un système juridique, les sujets de droit ne sont pas forcément identiques quant à leur nature ou à l'étendue de leurs droits[74]. Qui plus est, les EMN pourraient avoir un statut juridique international, dans la mesure où la soumission volontaire des EMN aux codes de conduite contribue à *« l'émergence d'une norme coutumière internationale, dans le sens de la reconnaissance d'une certaine personnalité juridique internationale à l'entreprise en droit international. »*[75].

Toutefois, ces arguments sont loin de faire l'unanimité, et les réticences restent justifiées par le fait que les EMN

M., H. M. Watt, et P. Rodière (dir.), *Justice et mondialisation en droit du travail*, Paris, Dalloz, 2010, pp. 107-130

[72] P. Dumberry, *op. cit.*, note 22, p. 110

[73] G. Abi Saab, « *The International Law of Multinationals Corporations : A critique of American Legal Doctrines* », Annales d'Études Internationales, 1971, pp. 121-122

[74] CIJ, *Réparation des dommages subis au service des Nations Unies*, *op. cit.*

[75] P. Dumberry, *op. cit.*

n'ont pas l'aptitude de participer à la formation et à la conception formelle des normes internationales ni de modifier les règles de l'ordre juridique international au même titre que les États, qui restent ainsi les premiers sujets de droit international[76]. Même si elles participent informellement à l'élaboration de certaines normes non contraignantes, telles que les codes de conduite, elles ne restent que des destinataires indirectes, puisque la mise en œuvre de ces normes passe en principe par le biais des États.

B. Les avenues possibles pour la reconnaissance d'une personnalité juridique aux entreprises multinationales

Pour élaborer l'ébauche d'un consensus à la question de la reconnaissance de la personnalité juridique aux EMN, on peut examiner la thèse avancée sur la question par Patrick Dumberry. En effet, l'auteur résume bien les nuances et les limites à la thèse des détracteurs de la reconnaissance d'une personnalité juridique aux EMN. De fait, le débat reposerait selon lui sur un malentendu lié à l'étendue et à la forme de la personnalité à attribuer aux EMN[77].

Il serait toutefois possible de déduire que les EMN sont des sujets passifs de droit international, sinon, des sujets mineurs, puisque leurs droits et obligations proviennent d'un instrument juridique et non pas du droit international public. On peut également affirmer que les EMN sont dotées d'une personnalité juridique *dérivée* puisque leurs droits découlent de la seule volonté des États qui l'expriment dans un instrument légal, et d'une personnalité *relative,* car la reconnaissance de leur statut n'a d'effet que

[76] P. Merciari, *Les Entreprises Multinationales en droit international*, Bruxelles, Bruylant, 1993, p. 200

[77] P. Dumberry, *op. cit.*, L'auteur a réalisé une étude comparative du droit international et du droit des investissements.

pour les parties engagées avec elles dans les relations d'affaires ou commerciales[78].

Finalement les EMN possèdent une personnalité *fonctionnelle* puisque leur personnalité juridique se résume aux droits et aux obligations contenus dans l'instrument juridique qui crée le rapport économique.

On peut même affirmer qu'elles ont une personnalité juridique *limitée* puisqu'elles ont quand même la possibilité d'entreprendre certains recours contre l'État dans la sphère du droit international des investissements[79].

Le débat doctrinal reste donc inachevé *in fine* et les discussions amorcées sur la question n'ont toujours pas contribué à dessiner les contours de la responsabilité de ces acteurs, pourtant influents dans l'ordre juridique international, qui ont un rôle à jouer dans la réparation des victimes de leurs activités[80]. Il en découle ainsi un problème de reconnaissance de la responsabilité des acteurs qui n'ont pas un statut juridique et qui évoluent sur la scène internationale pour des cas d'atteintes aux droits de l'homme.

Paragraphe II - La question de l'opposabilité des droits de l'homme aux entreprises multinationales

Pour comprendre la profondeur des obstacles qui se dressent dans la quête de la mise en œuvre responsabilité des EMN, il faut analyser la nature des droits violés (A) qui rendent leur opposabilité ardue devant les instances judiciaires de protection des droits (B).

---

[78] *Ibid.*, p. 118

[79] *Ibid.*, pp. 115-119

[80] C. Ben Daoued, *op. cit.*, p. 22

A. La nature des droits atteints

L'une des limites fondamentales propres au contentieux pour les violations des droits de l'homme impliquant les entreprises découle de la nature et du contenu des droits invocables devant les tribunaux. De fait, en dehors des droits subjectifs tels que le droit à la vie ou les atteintes au droit de propriété, les droits mis en cause dans les litiges contre les EMN portent généralement sur les droits économiques, sociaux et culturels tels que le droit à la santé, le droit à l'eau, le droit à un niveau de vie suffisant, ou sur les droits dits de troisième génération, notamment le droit à un environnement sain et le droit au développement[81]. Or, il s'avère que : « *la structure de ces droits rend quelquefois difficile la détermination à la fois du titulaire réel de l'action (est-ce une personne ou une collectivité ?) et du débiteur de l'obligation (est-ce seulement l'État ou peut-on également considérer que les entreprises sont débitrices des obligations en la matière ?)* »[82]. M. Salah relève d'ailleurs pertinemment un autre risque majeur susceptible d'affecter les litiges opposant les EMN aux victimes. Il s'agit en effet de la « *sélectivité* » dans ce genre de contentieux qui ignore « *par la force des choses les atteintes qui ne sont pas spectaculaires* »[83]. Afin d'augmenter les chances de succès judiciaires, les violations dénoncées sont ainsi celles les plus graves, les plus à même d'attirer l'opinion publique et les médias afin d'exploiter l'émotion qui peut s'attacher à certaines affaires ou catastrophes de grande ampleur, or les violations des droits de l'homme peuvent être à plus petite échelle, mais créer autant de souffrance chez les victimes qui restent tout autant dans le besoin d'être réparées.

---

[81] M. M. Salah, *op. cit.*, p. 240

[82] *Ibid.*, pp.241, 244

[83] Ibid.

À cette limite majeure se superpose également celle de la « *compétence judiciaire internationale* » [84] dans la mesure où les conventions protégeant les droits de l'homme s'adressent aux États et qu'il n'existe pas par conséquent de cour ou de tribunal international ayant compétence pour trancher les litiges découlant de la violation des droits de l'homme par les EMN.

B. La nature des entités violant les droits de l'homme

La question de la responsabilité des EMN soulève le problème de l'opposabilité des droits de l'homme aux EMN concernant notamment l'application aux rapports privés de normes originellement destinées à la protection des individus contre les États[85]. À cet égard pour résoudre cette équation, Tran Van Minh propose de procéder à la transposition des règles de droit international aux rapports entre les individus et les EMN en cas de lacune ou de carence du droit interne[86], ou par la substitution en remplaçant une norme de droit interne lorsque celle-ci est défavorable à la protection des droits de l'homme contre les ac-

---

[84] *Ibid.* De plus, les instruments universels qui consacrent le droit à la réparation et le droit au recours les limitent au recours devant le juge national de chaque État, ce qui ne favorise pas l'éclosion d'un contentieux devant le juge international ou transnational en cas de défaillance des possibilités de recours devant les juridictions nationales des victimes.

[85] Tran Van Minh, « *Droits de l'homme et pouvoirs privés : le problème de l'opposabilité* », dans Cao-Huy Than (coord.), *Multinationales et droits de l'homme*, Amiens, PUF, 1984, pp. 97-98

[86] *Ibid.*, selon l'auteur, l'opposabilité par transposition se justifierait entre autres au regard du caractère *erga omnes* des droits de l'homme fondamentaux, et celui du principe de la dignité humaine qui commandent que tous les droits soient protégés indépendamment de l'auteur de la violation, p. 148-149.

teurs privés comme les EMN[87]. Ces solutions qui ne sont pas dépourvues de controverses présentent toutefois de sérieuses limites[88] et c'est dans cette optique que Mireille Delmas-Marty affirme que l'opposabilité des droits de l'homme aux EMN « *suppose une réflexion sur les moyens juridiques et politiques, d'utiliser les mécanismes du marché pour les contraindre au respect des droits de l'homme* ».[89] Il faut bien noter que c'est par le biais d'une interprétation extensive et horizontale[90] des traités de protection des droits de l'homme qu'il est possible d'établir une relation directe entre la responsabilité des EMN de respecter les droits de l'homme et l'obligation de réparer les violations des dits droits. La théorie de l'effet horizontal énonce que les obligations de respecter et de garantir les droits de l'homme ne se cantonnent pas aux rapports verticaux entre les États et les individus, mais qu'elles s'appliquent aussi aux rapports horizontaux entre les parties privées. Or, la précarité de l'encadrement des activités transnationales des entreprises provient dans une certaine mesure des limites de la théorie de l'effet horizontal des normes de protection des droits de l'homme.

La principale limite découle notamment du fait que l'application des normes de *jus cogens* relève de la responsabilité des États et non des EMN et qu'il reste difficile, pour des motifs évoqués précédemment, d'étendre cette responsabilité aux EMN ou de la faire reposer sur les

---

[87] *Ibid.*, pp.149-151. Selon l'auteur, cette hypothèse se fonde sur les considérations d'ordre public international qui s'oppose à toute atteinte aux droits de l'homme dans les États. Le caractère de *jus cogens* des droits de l'homme et la primauté du droit international de certains systèmes juridiques pourraient également soutenir cette thèse.

[88] Voir à ce propos L. Hennebel et G. Lewkowicz, *op. cit.*, pp. 222-232

[89] M. Delmas-Marty, *Commerce mondial et protection des droits de l'homme*, Bruxelles, Bruylant, 2001, pp. 15-16

[90] M. M. Salah, *op. cit.*, p. 240

États. C'est dans cette optique que certains auteurs ont formulé la théorie de la « *contractualisation des droits de l'homme* » pour étendre juridiquement l'opposabilité des droits de l'homme aux personnes privées. Selon cette hypothèse en effet, la contractualisation négative des droits de l'homme pourrait permettre l'intégration dans le contrat d'investissement entre les États et les EMN de clauses pour « *l'obligation de respecter les droits* ». Elle limiterait de ce fait la liberté contractuelle par les exigences de l'ordre public international, en exigeant des parties qu'elles s'abstiennent de violer les droits de l'homme. La contractualisation positive pour sa part permettrait d'incorporer dans les contrats d'investissements « *l'obligation de garantir les droits de l'homme* » auprès des cocontractants et des sous-traitants. Cette forme de contractualisation serait particulièrement utile afin de permettre aux pouvoirs publics d'imposer les obligations positives pour protéger les droits de l'homme par le biais, par exemple, des marchés publics en insérant des clauses contractuelles exigeant le respect de certaines normes environnementales, notamment durant l'exécution des contrats. Toutefois, les limites de cette hypothèse découlent respectivement de la controverse qui persiste quant à l'identification de l'ordre public international. De plus, dans les actes privés, il faudrait une intervention de l'État qui doit avoir la volonté et les moyens pour imposer le respect de l'ordre public international dans les rapports entre les individus et les grandes EMN. En outre, elle accorde un rôle trop prépondérant à l'État notamment à travers la théorie des obligations positives et de la responsabilité internationale de l'État, or tel que présenté dans la première section de ce chapitre, ces arguments ne permettent pas dans la pratique d'asseoir l'idée d'une obligation juridique pour les EMN de réparer les violations des droits de l'homme sur le fondement de ces arguments[91]. En effet, cette conception issue de la doctrine allemande du « *Drittwirkung* » impliquerait *mutatis mutandis* « *la capacité d'un individu d'exiger d'une personne privée le respect de ses droits fondamentaux* »[92] et l'effectivité de l'application des traités de protection des droits de l'homme dans les rapports uniquement de nature privée[93]. Bien que prometteuse à cause de la possibilité d'étendre l'opposabilité des droits de l'homme aux rapports interindividuels, cette théorie n'élude cependant pas les problèmes relatifs à la personnalité juridique des EMN qui

---

[91] *Ibid.*

[92] L. Hennebel et P-F Docquir, « *L'entreprise, titulaire et garante des droits de L'homme* » dans T. Berns (ed.), *Responsabilités des entreprises et corégulation*, Bruxelles, Bruylant, 2007, pp.122-123. La théorie a été formulée dans le cadre du droit constitutionnel allemand, avant d'être récupérée dans le cadre de la protection des droits de l'homme. La doctrine de l'effet horizontal indirect des traités de protection des droits de l'homme combinée à l'obligation positive des États de protéger les droits de l'homme a permis dans certaines affaires d'imputer à l'État la responsabilité de violations survenues sur leurs territoires par des entreprises privées. Pour un cas d'espèce, voir notamment la décision rendue par la Cour Européenne des droits de l'homme (CEDH) dans l'affaire *Wilson, National Union of Journalists et autres c. Royaume-Uni*, dans laquelle la cour a estimé qu'en permettant aux employeurs d'avoir recours à des incitants financiers pour amener les salariés à renoncer à des droits syndicaux importants, l'État défendeur (l'Angleterre) s'était rendu complice de la violation de la liberté syndicale commise par l'employeur, et avait manqué à son obligation positive de garantir la jouissance des droits consacrés par la Convention, 2 juillet 2002, para. 29 et 30, en ligne: <http://www.echr.coe.int/Documents/Reports_Recueil_2002-V.pdf>, p. 42-77. Pour approfondir la théorie du Drittwirkung, voir E. Engle, « *Third Party Effect of Fundamental Rights (Drittwirkung)* », Hanse Law Review, 2009, pp.165-173

[93] L. Hennebel et G. Lewkowicz, « *La contractualisation des droits de l'homme : de la pratique à la théorie du pluralisme juridique et politique* », dans G. Lewkowicz, M. Xifaras (ed.), *Repenser le contrat*, Paris, Dalloz, 2009, pp. 222-223

affectent l'invocabilité directe des droits violés devant les tribunaux dans les rapports entre les EMN et les victimes[94]. De fait, la théorie de l'effet horizontal des droits fondamentaux n'est vraisemblablement pas un instrument adéquat pour trancher les conflits entre particuliers, dans la mesure où il est impératif que les droits qui font l'objet du litige aient tous reçu une concrétisation législative préalable pour pouvoir être invoqués, et que les institutions soient assez fortes pour faire appliquer le droit sur leurs territoires[95].

Section II - Les pesanteurs matérielles inhérentes à la mise en œuvre de la responsabilité des multinationales

En dehors des obstacles liés au statut des EMN, les lacunes affectant l'encadrement de la responsabilité des EMN s'observent au regard de son étendue limitée dans le paysage juridique africain (§I). Toutefois, au-delà du fait que son cadre soit relativement faible, il reste tout de même les Principes directeurs de l'ONU qui offrent une complémentarité dont la pertinence reste relative (§II).

---

[94] N. Jäger affirme d'ailleurs dans ce sens que « *Summarising, it can be concluded that support for the hypothesis of the Drittwirkung of international human rights law can be inferred from the nature of human rights and from the general provisions of the human rights treaties. However, these general provisions do not independently provide strong enough evidence for the conclusion that norms of international human rights law can be applied horizontally* », in *Corporate Human Rights Obligations: in search of Accountability*, Intersentia, Anvers, 2002, p. 44

[95] M. Salah, relève pertinemment les effets de la compétition entre les États et la nécessité pour eux d'avoir un droit attractif qui n'offre pas trop un cadre juridique susceptible de poursuivre les investisseurs dans les cas de violations des droits de l'homme, *op. cit.*, p. 301

Paragraphe I – Les carences dans l'encadrement de la responsabilité des multinationales dans le paysage juridique africain

Étant donné que dans la majorité des cas, les EMN s'établissent dans des pays où elles ont préalablement eu l'autorisation d'investir, le respect des droits de l'homme est tributaire du rôle des États et le risque est grand que la couverture soit disparate et qu'elle manque de fermeté d'un pays à l'autre. Il en résulte bien évidemment qu'il faut trouver une tentative d'harmonisation au niveau régional africain, qui présente un encadrement inachevé et insuffisant de par les instruments juridiques africains (A), mais aussi de par le contenu des droits protégés qui sont difficilement justiciables (B) en l'état actuel du droit.

A. Une prise en compte approximative des entreprises multinationales dans les instruments juridiques africains

L'encadrement africain pour la protection des droits de l'homme a pour pierre angulaire le cadre normatif édicté par l'Union africaine (UA). Au rang des instruments charniers faisant référence au contexte de l'exploitation des ressources naturelles et du développement économique figure la Charte Africaine des Droits de l'Homme et des Peuples adoptée en juin 1981 qui a été ratifiée par tous les États membres en 1987. C'est en procédant à une analyse téléologique que l'on constate que les articles 21 et 24 de la Charte Africaine peuvent constituer les fondements juridiques de la protection des droits de l'homme par les EMN en Afrique. Ils énoncent en effet que : « *Les peuples ont la libre disposition de leurs richesses et de leurs ressources naturelles. Ce droit s'exerce dans l'intérêt exclusif des populations. En aucun cas, un peuple ne peut en être privé. En cas de spoliation, le peuple spolié a droit à la légitime récupération de ses biens ainsi qu'à une indemni-*

sation adéquate. La libre disposition des richesses et des ressources naturelles s'exerce sans préjudice de l'obligation de promouvoir une coopération économique internationale fondée sur le respect mutuel, l'échange équitable, et les principes du droit international. [..] Les États, parties à la présente Charte, s'engagent à éliminer toutes les formes d'exploitation économique étrangère, notamment celle qui est pratiquée par des monopoles internationaux, afin de permettre à la population de chaque pays de bénéficier pleinement des avantages provenant de ses ressources nationales. Tous les peuples ont droit à un environnement satisfaisant et global, propice à leur développement. »[96].

En dehors de ces dispositions qui définissent les attentes légales quant à la gestion des ressources naturelles, la Commission africaine des droits de l'homme et des peuples (ci-après CADHP), réunie en sa 51e Session ordinaire tenue à Banjul, a également adopté la Résolution sur une Approche de la Gouvernance des Ressources naturelles basée sur les Droits de l'Homme en 2012. Elle souligne la nécessité de protéger les droits de l'homme par les investisseurs privés. C'est en ce sens qu'elle appelle les États à : « *Veiller à ce que le respect des droits de l'homme prévale dans toutes les affaires liées à la prospection, à l'extraction, à la gestion des déchets toxiques, à l'exploitation, et à la gouvernance des ressources naturelles dans le cadre de la coopération internationale, des accords d'investissement et de la règlementation des échanges et, en particulier : Créer un cadre juridique clair pour le développement durable, en tenant compte de son impact sur les ressources naturelles, en particulier l'eau, qui fera de la réalisation des droits de l'homme un préalable à la durabilité ; (...) Créer des mécanismes de*

[96] Articles 21, al.1, 2, 3, 5 & article 24 Charte Africaine des Droits de l'Homme et des Peuples.

suivi et de responsabilisation indépendants susceptibles de faire de telle sorte que les droits de l'homme soient justiciables et que la responsabilité des industries extractives et des investisseurs soit engagée dans les pays abritant leurs activités et dans le pays dans lequel ils ont leur domicile juridique ; Garantir la réalisation d'évaluations d'impact social et humain indépendantes garantissant un consentement libre, préalable et informé ; des voies de recours efficaces ; des indemnisations équitables ; les droits des femmes, les droits des populations autochtones et les droits coutumiers ; les évaluations d'impact sur l'environnement ; l'impact sur l'existence de la communauté, en particulier sur ses moyens d'existence, les structures de gouvernance locales et la culture et garantissant la participation des populations ; la protection des individus dans le secteur informel ainsi que les droits économiques, culturels et sociaux. »

Finalement, on peut également mentionner la Convention régionale de Kampala, entrée en vigueur en 2012, qui est le seul instrument contraignant au monde à l'heure actuelle encadrant les situations de déplacements internes à l'intérieur du continent africain[97] et qui fait mention des EMN. Dans la Convention, les États s'engagent spécialement à : « *S'assurer de la responsabilité des acteurs non étatiques concernés, y compris les entreprises multinationales et entreprises militaires ou de sécurité privées, pour les actes de déplacement arbitraire ou de complicité dans de tels actes* »[98]. Par ailleurs, la Convention énonce fina-

---

[97] Convention de l'Union africaine sur la protection et l'assistance aux personnes déplacées en Afrique, [*Convention de Kampala,* 22 octobre 2009], (2012) 52 I.L.M., en ligne :<http://www.au.int/en/treaties/african-union-convention-protection-and-assistance-internally-displaced-persons-africa> (Site consulté le 1 juillet 2016).

[98] *Ibid.*, article 3 h. Il est important de préciser qu'en date actuelle 25 pays seulement l'ont ratifié, ce qui implique la transposition de la Convention dans les différents droits nationaux pour les 25 pays

lement que dans le cadre des projets, les États devraient dans la mesure du possible prévenir les déplacements arbitraires des populations. Ils doivent aussi s'assurer que les acteurs publics ou privés explorent toutes les alternatives en s'appuyant sur des informations fiables et sur la consultation de personnes susceptibles d'être déplacées en entreprenant une évaluation de l'impact socio-économique et environnemental avant de réaliser tout projet de développement[99].

En dépit du fait qu'il existe des dispositions qui font référence aux devoirs des EMN concernant la protection et le respect des droits de l'homme, il n'en demeure pas moins que l'implication effective de ces acteurs reste tributaire de la proactivité des États qui doivent créer des cadres effectifs pour la mise en application des normes destinées aux EMN. De surcroît, bien que ces droits aient été énoncés dans les instruments précités, il n'en demeure pas moins que leur justiciabilité reste incertaine.

B. Les obstacles liés à la justiciabilité des droits humains et les barrières juridictionnelles

D'entrée de jeu, il faut préciser que les individus et les groupes peuvent soumettre des communications écrites à la CADHP en cas de violation des droits de l'homme par un État. La CADHP a justement eu l'occasion de se pro-

---

l'ayant déjà ratifié avant son application. Par ailleurs, pour les autres États signataires, tous membres de l'UA qui n'ont pas encore ratifié la Convention, ils ne peuvent pas être juridiquement contraints de l'appliquer pour l'instant. Pour une liste complète des États ayant signé et ratifié la Convention, voir Convention de Kampala, liste des pays qui ont signé, ratifié/adhéré, en ligne : <http://www.au.int/en/sites/default/files/treaties/7796-sl-african_union_convention_for_the_protection_and_assistance_of_internally_displaced_persons_in_africa_kampala_convention_11.pdf > (Site consulté le 10 juin 2016).

[99] Convention de Kampala, article 10.

noncer sur la responsabilité du gouvernement nigérian en lien avec l'impact des activités de Shell au Nigéria. La Commission a ainsi recommandé que les victimes soient dûment indemnisées par le gouvernement nigérian qui n'a pas satisfait le minimum requis pour la mise en œuvre des droits énoncés par la Charte Africaine[100]. Les recommandations de la Commission étant non contraignantes, les victimes n'ont pas pu obtenir de compensations, ce qui démontre qu'il reste difficile au niveau régional de tenir responsables les EMN pour les violations commises en Afrique. Par ailleurs, rappelons ici que les EMN ne peuvent pas être poursuivies devant les différentes cours régionales, puisqu'elles ne peuvent être saisies que par les États parties. Ainsi, la Cour Africaine des Droits de l'Homme et des Peuples, créée en 2004, a compétence pour reconnaître des allégations de violation de la Charte Africaine et de tout autre instrument relatif aux droits de l'homme qui a été ratifié par les États membres[101].

Les recours contre les EMN demeurent donc tributaires de l'encadrement juridique de l'État dans lequel les EMN exercent leurs activités. Katja Sontag affirme que, malgré la multiplication des recours qui témoigne de la « *judiciarisation* » de la problématique de la violation des droits de l'homme par les EMN, il demeure difficile de faire répondre juridiquement les EMN, au regard de l'incertitude du fait que ce droit puisse être revendiqué avec succès devant les tribunaux nationaux ou que les règles de droit

[100] CADHP, *Center for Economic and Social Rights c. Nigeria*, Communication 155/96, 30e Session Ordinaire, Banjul, Gambie, 13 octobre 2001

[101] Article 5.1 du Protocole relatif à la *Charte africaine des Droits de l'Homme et des Peuples* portant création d'une Cour africaine, OAU, Doc. OAU/LEG/EXP/AFCHPR/PROT (III), 1998) ou par les individus victimes de violation des droits reconnus dans la Convention et ses protocoles, commises par l'un **des États** contractants articles 5(3), 34 (6), Protocole relatif à la Charte africaine).

nationales soient en mesure d'offrir des réparations adéquates[102]. Pour Mahmoud Salah, *la justiciabilité des droits de l'homme est « la condition de leur efficacité dans l'ordre international, mais aussi interne, ce qui suppose que les titulaires de ces droits puissent s'en prévaloir utilement devant le juge national »*[103]. Or le droit de recours ou l'accès à la justice qui est le point de base pour l'exercice des autres droits fondamentaux est celui souffrant « *d'une très grande précarité, en particulier dans les relations qui impliquent les agents économiques transnationaux, et ce, en raison de considérations multiples* »[104].

Au rang des causes favorisant la précarité du droit à un recours, la principale limite vient du fait que sur le plan international, l'accès à la justice est subordonné à l'épuisement des voies de recours devant le juge national, or en Afrique, l'accès au juge pour les violations des droits de l'homme imputables à des entreprises étrangères présente un véritable défi pour les victimes au regard du faible degré d'ouverture des systèmes nationaux[105].

Il faut aussi noter que les difficultés sont renforcées par le fait que les victimes vivent souvent dans des conditions économiques parfois difficiles pour les victimes qui n'ont pas les moyens matériels, intellectuels ou l'accompagnement juridique nécessaire pour s'engager dans des batailles judiciaires de longue haleine. En effet, l'indemnisation des victimes reste un des plus grands défis devant les tribunaux dans les procès impliquant les entreprises au regard de deux obstacles majeurs. En outre, on note aussi que généralement le type de droit violé est diffi-

---

[102] K. Sontag, « *La justiciabilité des droits de l'homme à l'égard des sociétés transnationales* », in *Droit économique et droits de l'homme*, L. Boy, J-B Racine, F. Siiriainen (coord.), Bruxelles, Larcier, 2009, pp. 569, 632

[103] M.M. Salah, *op. cit.*, p. 239

[104] *Ibid.*, p. 240

[105] *Ibid.*

cile à plaider devant les tribunaux. En effet, malgré les nombreuses théories prônant l'interdépendance et l'indivisibilité des droits inscrits dans les différentes catégories, il n'en demeure pas moins qu'il reste difficile pour un citoyen de plaider, par exemple, le droit à l'eau, ou le droit à des conditions de vie décentes. Tel que présenté dans le paragraphe portant sur les obstacles liés à l'opposabilité, les droits sociaux sont difficilement justiciables pour l'instant dans la mesure où il n'est même pas clair si c'est l'État ou les entreprises qui peuvent en être débitrices[106].

Les obstacles juridictionnels découlent en majeure partie de la volonté pour les États de préserver un climat d'investissement favorable, en étouffant toute initiative juridique susceptible de décourager les EMN ou de les empêcher d'exercer en toute quiétude leurs activités sur les territoires nationaux. Les victimes souhaitent voir garanti le recours effectif à un juge indépendant et impartial. Or, le climat de corruption local qui entoure souvent les procès prive les victimes du droit fondamental au recours et les encourage à délocaliser les poursuites à l'extérieur du pays. Au Cameroun par exemple, l'exploitation du bois est un enjeu majeur dans l'encadrement de la responsabilité des multinationales. Certaines entreprises sont parfois condamnées à payer des amendes à l'État comme la Société forestière de la Doumé (SFID) en 2001, filiale camerounaise du groupe français Rougier condamnée plusieurs fois pour avoir exporté illégalement une essence forestière protégée, notamment l'assamela, ou encore pour le dépassement de quota de coupe imposé. Malgré ces pénalités financières, certaines entreprises continuent de porter atteinte à certains droits. Ainsi, en 2002, la SFID a en effet été accusée de destruction de biens appartenant à autrui, de l'usage du faux, d'escroquerie, de recel et de corruption.

---

[106] *Ibid.*, p.241

Les communautés pygmées baka vivant dans la zone qui s'opposaient au pillage illicite de ressources dans ces grands espaces de forêt au sud-est ont introduit une requête auprès du Procureur de la République du Cameroun, qui l'a toutefois classée sans suite. Cet échec a motivé sept villageois camerounais de la région de Djoum, grâce au soutien de certaines ONG, à déposer le 22 mars 2002, devant le juge d'Instruction de Paris, une plainte en sa constitution de partie civile. La Cour d'appel de Paris a malheureusement prononcé une ordonnance d'irrecevabilité de la plainte le 13 février 2004 aux motifs que le ministère public se refusait à introduire une requête pour des faits en l'espèce qu'il qualifiait de délits au regard de leur gravité. La seconde raison invoquée était que selon l'article 113 (5) du Code Pénal français, Rougier, l'entreprise française présumée complice, ne pouvait être poursuivie en France qu'à la condition que l'auteur principal du crime ou délit ait été condamné par une décision définitive de la juridiction étrangère, dans le cas d'espèce au Cameroun[107]. Les victimes sont donc restées sans indemnisation, avec pour seule consolation le battage médiatique soulevé par l'affaire pendant quelques mois.

Par ailleurs, les victimes sont souvent obligées de porter leurs recours à l'extérieur à cause du phénomène des poursuites baillons, qui sont des poursuites stratégiques contre la mobilisation publique[108]. Au Cameroun par exemple, l'entreprise américaine Herakles Farms, entre-

---

[107] Voir Business and Human Rights affaire Rougier au Cameroun, <https://business-humanrights.org/fr/cameroun-survival-accuse-wwf-et-son-partenaire-lentreprise-rougier-de d%C3%A9truire-la-fo%C3%AAt-et-le-territoire-des-baka#c137586>, (Site consulté le 30 juin 2016).

[108] Ils se traduisent par des procès en représailles contre les victimes ou leurs représentants avec pour objectif d'intimider et de faire taire les critiques. Dans ce sens, G. SKINNER, R. MCCORQUODALE, O. DE SCHUTTER, *op. cit.*, p. 48 et 120.

prise basée aux États-Unis, et sa la filiale Sithe Global Sustainable Oils Limited (SGSOC) ont été vivement critiquées par les communautés locales qui alléguaient que le projet de plantation de palmiers à huile déplacerait des milliers de personnes sans mesures de compensations adéquates. L'entreprise aurait voulu raser près de 20 000 hectares de forêts tropicales en entamant les travaux alors même que les permis fonciers n'étaient pas encore délivrés et malgré l'opposition des communautés locales et de la société civile. Le 3 novembre 2015, Nasako Besingi, directeur de l'ONG Struggle to Economize our Future Environment (SEFE), a été condamné par le tribunal de Mundemba, situé dans la région du Sud-Ouest, à s'acquitter d'une amende de 1 000 000 de francs CFA, ou à une peine d'emprisonnement de 3 ans à la suite de plaintes pour diffamation introduites par la société SGSOC[109].

Pour finir, les Principes directeurs de l'ONU énoncent aussi clairement que la responsabilité qui incombe aux entreprises de respecter les droits de l'homme se distingue des questions de responsabilité juridique et que la responsabilité découlant des principes n'est pas fondée sur une obligation légale[110]. La question de la justiciabilité des Principes directeurs peut donc ainsi se poser, notamment celle de savoir si les individus lésés ont la capacité de recourir à un organe indépendant et impartial, ou à une procédure légale quand un droit a été violé par une EMN, sur le fondement du deuxième pilier qui est celui de la respon-

---

[109] Business and Human Rights, « *L'accaparement des terres et l'environnement, Nasako Besingi condamné à 3 ans de prison* », en ligne : <https://business-humanrights.org/fr/cameroun-le-d%C3%A9fenseur-de-lenvironnement-et-des-droits-de-lhomme-nasako-besingi-lourdement-condamn%C3%A9-par-la-justice-%C3%A0-cause-de-sa-lutte-contre-laccaparement-des-terres#c129820> (Site consulté le 5 juillet 2016).

[110] Principes directeurs ONU, p. 16.

sabilité de respecter les droits de l'homme. À l'évidence, s'il est clair que les questions de responsabilité juridique restent définies pour une large part par les dispositions du droit interne par les juridictions compétentes, face à la carence des législations nationales, ou à l'inertie des pouvoirs publics dans leur mise en application, force est de reconnaître que les Principes directeurs peuvent offrir une protection à géométrie variable pour tracer les prémisses de la responsabilité des EMN pour les violations des droits de l'homme en Afrique.

Paragraphe II – La relative portée des Principes directeurs pour la protection des droits de l'homme

Malgré la pertinence des arguments sus évoqués concernant la fragilité du paysage normatif encadrant la responsabilité des EMN pour les violations des droits de l'homme en Afrique, il faut tout de même nuancer le propos. Les déclinaisons suivantes de l'étude nous permettrons de mettre en évidence le fait que même si les Principes directeurs offrent une protection par ricochet à géométrie variable pour la protection des droits de l'homme (A), ils contribuent néanmoins à la formation progressive du droit international coutumier en matière de responsabilité des multinationales (B).

A. La protection par ricochet aux effets variables des Principes directeurs

Dans le contexte actuel de mondialisation et de carences des droits nationaux, force est d'admettre que les Principes directeurs au-delà de leur fragilité normative apparente constituent « *les vecteurs privilégiés de l'insertion de la protection des droits de l'homme dans le champ des activités des EMN* »[111]. S'éloignant d'ailleurs de toute logique restrictive quant à leur portée, John Ruggie affirme que la non-conformité à la responsabilité de respecter les droits de l'homme : « *can subject companies to the courts of public opinion – comprising employees, communities, consumers, civil society, as well as investors - and occasionally to charges in actual courts. Whereas governments define the scope of legal compliance, the broader scope of the responsibility to respect is defined by social expectations* (…) »[112]. L'interdépendance des piliers préconisée par John Ruggie trouve alors ici toute sa pertinence dans la mesure où elle s'impose en vertu du deuxième pilier qui oblige les EMN à respecter les droits de l'homme si elles leur causent des incidences négatives, et en vertu du troisième pilier qui consacre l'accès à des voies de recours aux victimes des violations des droits de l'homme par les EMN. De plus, il faut comprendre la longue tradition qui a tendance à consacrer les Principes directeurs en droit international comme instruments privilégiés pour la protection des droits de l'homme. En effet, les Principes directeurs ont acquis au fil des années le statut d'outils juridiques particulièrement précieux pour l'encadrement des rapports privés ou de ceux impliquant l'État et les individus. Un zoom rapide sur l'histoire met en évidence la réalité selon laquelle la communauté internationale n'a pas toujours les moyens suffisants pour appréhender efficacement toutes les violations des droits de l'homme dans des instruments qui soient obligatoires et juridiquement contraignants pour les États parties.

Le fait aussi qu'il soit très difficile d'analyser dans le détail tous les rapports qui se nouent sur la scène interna-

---

[111] M.M. Salah, *op. cit.*, p. 301

[112] Conseil des droits de l'homme, *Protect, Respect and Remedy: A Framework for Business and Human Rights*, U.N. Doc. A/HR/C/8/5 (Apr. 7, 2008), p. 54

tionale et d'en encadrer leur portée confère une compétence adéquate aux principes pour aider à réguler certains domaines dans lesquels les consensus sont difficiles à trouver par le droit dur. C'est le cas par exemple des Principes directeurs pour protection des droits des individus à l'intérieur des frontières élaborés en 1998[113] qui ont servi d'inspiration pour plusieurs autres instruments juridiques en Afrique. L'UA a notamment officiellement reconnu ces principes et le Protocole des Grands Lacs sur la protection et l'assistance des personnes déplacées de l'intérieur, adopté en 2006, a imposé à ses dix États membres d'incorporer les Principes directeurs à leurs législations et leurs ordres juridiques internes[114]. Par ailleurs, les Principes directeurs relatifs au déplacement de personnes à l'intérieur de leur propre pays ont inspiré la mise sur pied de la Convention régionale de Kampala qui, rappelons-le, est le seul instrument contraignant au monde en matière de déplacements internes.

Les États ont ainsi démontré davantage de bonne volonté pour trouver des solutions aux problèmes de déplacement auxquels ils sont confrontés sur leur propre territoire[115] par l'initiative de principes qui à la base étaient non contraignants, mais qui par un effet boule de neige, ont eu des impacts juridiques importants dans certains pays africains.

De manière générale, il faut donc comprendre que si à l'heure actuelle, les Principes directeurs de l'ONU offrent un cadre qui est non contraignant, de façon globale, ils contribuent indéniablement à mettre les États en confiance

---

[113] Secrétariat Nations Unies, Principes directeurs relatifs au déplacement de personnes à l'intérieur de leur propre pays, Doc. ONU E/CN.4/1998/53/add.2

[114] Article 6 (2) Protocole

[115] W. Kälin, « *Sur les perspectives d'avenir des PDI* », Revue Migrations Forcées, 2011, en ligne < http://www.fmreview.org/fr/non-etatiques/kalin.html> (Site consulté le 10 décembre 2015)

en offrant un cadre de réflexion sur des sujets dont ils n'auraient forcément pas reconnu l'ampleur, n'eût été le cadre flexible offert par les principes.

B. La contribution des Principes directeurs à la formation progressive du droit international coutumier

Deux éléments sont essentiels pour parler de la coutume en droit selon l'article 38 du statut de la CIJ. Il s'agit d'une pratique effective et répétée et de *l'opinio juris,* c'est-à-dire la conviction des sujets de droit que cet usage représente une règle de droit obligatoire. Ces critères tendent à se vérifier fortement en matière d'investissement. Dans la pratique, la substance des Principes directeurs est en adéquation avec la régulation de l'encadrement de la RSE qui passe par l'adoption de textes internationaux et de lois nationales en matière de responsabilité civile et pénale des personnes morales[116]. Les usages en place au sein des EMN qui adoptent des chartes éthiques ou des codes de conduite et qui se dotent de départements dédiés au développement durable confirment ainsi une tendance pour une pratique respectueuse des droits. L'*opinio juris* se manifeste par la contrainte indirecte entourant le non-respect des Principes directeurs.

Ainsi, malgré l'inexistence de contrainte ou de sanction à la clé de la violation d'un principe directeur, il subsiste néanmoins le risque lié au déficit d'image qui peut être nuisible à l'entreprise. À ce titre, l'intégration des Principes directeurs dans le droit coutumier international se fait dans le sillon de la RSE, que nous examinerons en profondeur dans le dernier chapitre de cette étude. Les

---

116 Y. Queinnec, « *Les Principes directeurs de l'OCDE à l'intention des entreprises multinationales, un statut juridique en mutation* » , Sherpa, Juin 2007, p.28, en ligne < http://ebookbrowse.com/principes-directeurs-de-l-ocde-un-statut-juridique-en-mutation-pdf-d65308954 > (Site consulté le 10 juin 2016)

Principes directeurs sont des instruments par excellence pour la régulation des rapports qui résistent à la contrainte juridique. Les nouveaux acteurs que sont les EMN influencent donc de façon certaine la production des normes et de leurs formes, mais leur impact est surtout palpable au niveau du mode de production des normes et de leurs énoncés. Elles sont plus souples et sont contenues dans des concepts flous et mous destinés à encadrer avec plus d'efficience et d'efficacité les relations entre les différents acteurs. Ce gisement de normes à la configuration mouvante, marque la consécration de la *soft law* si l'on se place dans le contexte de l'évolution des méthodes d'interprétation des droits de l'homme. Même s'ils ne font pas l'objet de codification, la pratique laisse présager qu'elles pourront acquérir sans contestation le statut de droit international coutumier. Les Principes directeurs se situent donc à cheval entre le volontarisme et la contrainte dans la mesure où leur élaboration est issue de la *soft law,* mais que leurs effets se rapprochent de la *hard law*. Appliqués dans les législations africaines, les Principes directeurs destinés aux EMN relatifs à la protection pourraient être plus que de simples ornements normatifs ayant des conséquences graduellement importantes.

Somme toute, à la fin de ce chapitre, il faut retenir que l'ancrage de la responsabilité juridique des EMN dans le paysage juridique international et africain reste limité au regard du faible nombre des instruments qui la consacre de façon contraignante et des difficultés découlant de sa mise en œuvre. En dépit de tout, il ne faudrait pas ignorer les effets des Principes directeurs dans la fresque géante qui visent à appréhender les rapports se nouant entre les acteurs privés et les individus et dont les conséquences ne pourront qu'être mesurées dans le temps.

Le constat qui se dégage au terme de cette première partie est que l'encadrement de la responsabilité des EMN pour les violations des droits de l'homme n'est pas chose aisée. Les multiples tentatives sur la scène internationale pour encadrer le régime de la responsabilité des EMN démontrent tout de même un certain intérêt pour la communauté internationale et africaine de réguler la question. On a vite compris que l'absence d'un cadre contraignant à l'international a également des effets sur le type d'encadrement au niveau africain, qui est tout aussi fragile et restreint que l'est le cadre de la responsabilité des EMN pour les violations des droits de l'homme à l'international. Les obstacles liés à la consécration des assises institutionnelles et normatives de la responsabilité des EMN en Afrique ne limitent toutefois pas de façon définitive la portée des Principes directeurs dont nous avons examiné la substance et la contribution dans la formation progressive du droit international coutumier en matière de responsabilité pour les violations des droits de l'homme. En dépit de tout, bien que constituant une zône tampon permettant de faire respecter de façon contournée des obligations existantes dans le droit dur, la solidité de cette fondation reste inconsistante, dans la mesure où ces obligations sont contenues dans les *Principes directeurs* qui sont classés dans la catégorie de la *soft law*. Il est d'ailleurs souvent reproché aux textes issus de la *soft law* de contribuer au brouillage des catégories juridiques et de porter atteinte à la crédibilité du droit au regard de l'ambigüité de leur statut juridique[117]. La *soft law* est ainsi perçue comme une « *excroissance pathologique incarnant tout ce qui ne va pas en matière de production normative en droit international contemporain ; et cela toujours selon les mêmes critiques,*

[117] Georges ABI-SAAB, « *Éloge du « droit assourdi* », dans *Nouveaux itinéraires en droit, hommage à F. Rigaux,* Bruxelles, Bruylant, 1993, p. 59-64

en érodant la distinction entre le droit et le non-droit et en permettant de substituer le vrai droit par du faux ou du moins bon »[118]. À cet égard, il ne faut pas occulter les éléments qui constituent les lacunes affectant l'opérationnalisation de la responsabilité des EMN qui en appellent à un nécessaire réaménagement.

---

[118] *Ibid.*, En français, la traduction du mot *soft* peut faire référence aux adjectifs : amolli, avachi ou flasque, mais une interprétation positive peut faire référence aux mots doux, tendre, souple, moelleux ou malléable. L'expression « *droit assourdi* » peut être privilégiée dans ce texte puisqu'évoquant l'atténuation ou la modestie sans impliquer de connotation négative, p. 60 et 61.

PARTIE 2

LA PERFECTIBILITÉ DE L'ENCADREMENT DE LA RESPONSABILITÉ DES MULTINATIONALES EN AFRIQUE

Afin d'accroître les possibilités d'encadrement pour la responsabilité des EMN, les victimes qui sont engagées dans une sorte de *forum shopping* doivent choisir, dans un jeu de cartes assimilable à une loterie, les opportunités légales et judiciaires qui peuvent permettre de tenir les entreprises responsables pour les violations des droits de l'homme en Afrique. Ce contentieux a une nature spécifique et particulière, notamment en ce qui concerne la nature des acteurs poursuivis qui sont des acteurs privés accusés pour des cas de violations relevant du droit international devant un juge de droit interne. Étant donné que le cadre normatif de la responsabilité des EMN reste faible en Afrique, les victimes ont tendance à porter leurs réclamations hors du continent. Dans ce contexte, le for américain reste à l'heure actuelle le plus prisé principalement en raison de l'existence de la loi *Alien Tort Statute* aussi appelée l'*Alien Tort Claim Act* (ci-après ATCA). L'ATCA est une loi ancienne qui semble de prime abord permettre, du moins dans une certaine mesure, aux victimes de violations des droits de l'homme d'intenter des actions civiles en réparation contre les acteurs privés, dont des EMN situées aux États-Unis. Les victimes des violations des droits de l'homme du monde entier peuvent avoir une tribune devant le juge américain grâce à cette loi bicentenaire. Vieille de 228 ans, l'ATCA est une loi dont l'usage a connu une ascension fulgurante ces dernières années devant le for américain et son analyse nous permettra dans le premier mouvement de cette deuxième partie d'analyser les opportunités et les limites de l'encadrement de la responsabilité des EMN dans le contentieux relatif aux violations des droits de l'homme.

Le second mouvement permettra d'examiner les voies alternatives notamment des opportunités juridiques du contentieux impliquant les multinationales devant les juridictions de certains pays européens.

Finalement sera analysé l'impact des initiatives en matière de responsabilité sociale des entreprises (ci-après RSE) dans l'amélioration du cadre normatif et dans la mise en œuvre du respect des droits de l'homme par les multinationales en Afrique.

CHAPITRE III
LES RECOURS EXTRATERRITORIAUX DANS LES PAYS D'ORIGINE DES ENTREPRISES : LE CAS DES ÉTATS-UNIS

L'ATCA qui fut adoptée au 18e siècle constitue un puissant levier au contentieux en réparation pour les victimes de violations des droits de l'homme en énonçant simplement ce qui suit : « *The district courts shall have original jurisdiction of any civil action by an alien for a tort only, committed in violation of the law of nations or a treaty of the United States* »[119]. Cette loi qui offre des recours indemnitaires aux États-Unis aux victimes de violations de droits de l'homme est décrite à la fois comme un recours extraordinaire et comme un facteur de perturbation et de trouble profond dans la mesure où elle est perçue comme une menace par les autres souverainetés étatiques[120]. On abordera ici la genèse et l'étude de sa mise en œuvre contemporaine (Section I), avant d'examiner les limites de cette loi à la lumière du commentaire de la décision de justice de l'affaire *Kiobel* qui a eu impact considé-

---

[119] Alien Tort Claim Act, *op. cit.*, 28 USC, §1350, version révisée du Federal Judiciary Act, « *The districts courts shall also have cognizance, concurrent with the courts of the several States, or the circuits courts, as the case may be, of all causes where an alien sues for a tort only in violation of the law of nations or a treaty of the United States* », ch. 20, § 9 (b), 1 Stat. 73, 77 (1789). Les tribunaux fédéraux de première instance, en l'occurrence, les cours de districts sont compétentes pour juger les recours intentés au plan civil par des étrangers pour réparer tout délit commis en violation du droit des gens ou d'un traité ratifié par les États-Unis.

[120] J-F Flauss, « *Les droits des victimes selon l'Alien Tort Claims Act : Observation sur la compétence civile universelle* » in *La protection internationale des droits de l'homme et les droits des victimes*, (éd.), Bruxelles, Bruylant, 2009, p. 241

rable sur le contentieux contre les EMN fondé sur l'ATCA (Section II).

Section I – La genèse et la mise en œuvre contemporaine de l'*Alien Tort Claim Act*

L'étude de l'ATCA permettra de démontrer que s'il s'agit d'une loi porteuse de grands espoirs, ses réalisations demeurent toutefois modestes. Compte tenu du volume important du contentieux impliquant les entreprises, il nous est impossible d'aborder chacune des affaires ayant été intentées en se fondant sur l'ATCA. Nous limiterons par conséquent nos propos aux références les plus proches de notre objet d'étude en mettant un relief particulier sur les affaires touchant aux violations des droits de l'homme principalement en Afrique. On démontrera ainsi dans un premier temps que si l'ATCA est un mécanisme récupéré au service de la protection des droits de l'homme (§I), elle reste malgré tout un idéal inachevé d'un modèle de compétence civile universelle (§II).

Paragraphe I - L'Alien Tort Claim Act comme mécanisme récupéré pour la protection des droits de l'homme

L'origine et les intentions véritables entourant l'adoption de l'ATCA par Résolution du Congrès américain en 1781 demeurent toujours sujettes à controverse[121]. Si les yeux du monde se tournent aujourd'hui pour scruter la portée de chaque décision du for américain lorsque des litiges concernant la responsabilité des EMN sont intentés en vertu de l'ATCA, il n'en a pas toujours été ainsi. Introduite en septembre 1789 dans le *Judiciary Act*, la loi bi-

---

[121] Pour une étude détaillée de la question voir W. S. Dodge, « *The Historical Origins of the Alien Tort Statute: A Response to the "Originalists"* », Hastings Int'l. & Comp. L. Rev., 1996

centenaire avait comme vocation première de réprimer certaines violations au droit des nations ou des traités auxquels sont parties les États-Unis en l'occurrence dans les cas liés aux prémisses originelles de la responsabilité privée, dans les affaires de piraterie et de la traite des esclaves[122]. Il s'agira donc de démontrer dans les prochaines articulations de l'étude comment l'ATCA est devenue un instrument moderne dans la consécration de la protection des droits de l'homme en examinant successivement l'évolution de la loi (A) avant d'examiner son rôle à l'aune de la compétence universelle (B).

A. L'évolution de l'Alien Tort Claim Act dans la chronologie judiciaire des États-Unis

Pendant de nombreuses années, l'ATCA fut reléguée aux oubliettes. Le mouvement majeur qui lui a donné une deuxième vie fut fondé par Peter Weiss, un avocat du Centre pour les droits constitutionnels de New York et son équipe dans l'affaire *Filártiga*[123]. En 1979, la famille Filártiga, de nationalité paraguayenne et résidente aux États-Unis, engagea une action devant le for américain contre Norberto Pena-Irala, un ancien chef de la police paraguayenne vivant aux États-Unis, pour avoir soumis à la torture et assassiné le fils Filártiga alors âgé de 17

[122] T. Collingsworth, « *La primauté du droit sur l'économie mondiale* », dans, I. DAUGARHEIL, *op. cit.*, p. 679. Voir aussi W. Blackstone, *Com-mentaries on the Laws of England (1765-1769)*, Chicago, The University of Chicago Press, 1979. La loi a été utilisée pour la toute première fois dans le cas de commerce d'esclave et des actes de piraterie, voir par exemple l'affaire *Bolchos v. Darrel*, 3 F. Cas. 810 (D.S.C. 1795)

[123] O. De Schutter, « *Les affaires Total et Unocal: complicité et extra-territorialité dans l'imposition aux entreprises d'obligations en matière de droits de l'homme* », Annuaire français de droit international, 2006, p. 62

ans[124]. Le 15 mai 1979, le tribunal fédéral de première instance de New York rejeta la requête aux motifs que les faits reprochés ne constituaient pas une violation du droit des gens au sens de l'ATCA[125]. Toutefois, en 1980, la Cour d'appel fédérale du deuxième circuit de New York jugea le recours recevable et les juges condamnèrent sur le fondement de l'ATCA l'ancien officier de police paraguayen, au paiement de 10,4 millions de dollars en dommages-intérêts[126]. L'affaire *Filártiga* a été saluée par les défenseurs des droits de l'homme, dans la mesure où elle a été l'aboutissement d'une démarche interprétative très ambitieuse de l'ATCA. Le pivot central de cette décision étant la reconnaissance de la torture comme une violation du droit international coutumier[127], la décision a officiel-

[124] Le docteur Filàrtiga était un opposant politique au régime autoritaire du général Alfredo Stroessner établi au Paraguay depuis les années 50. En signe de représailles contre son zèle politique, la police a arrêté en 1976 son fils âgé de 17 ans Joelito Filártiga qui fut torturé à mort. Après avoir tenté sans succès plusieurs actions en justice au Paraguay contre l'inspecteur de police Américo Norberto Peña Irala auteur présumé des actes de torture, la famille a porté l'affaire aux États-Unis. *Filártiga v. Pena-Irala*, 630 F.2d 876 (2d Cir. 1980)

[125] Le tribunal a par ailleurs estimé que même si l'interdiction de la torture était devenue une norme du droit international coutumier, les juges étaient tenus de suivre le courant jurisprudentiel, qui limitait étroitement à cette époque la fonction du droit international aux relations entre États. *Center for Constitutional Rights, Filártiga v. Peña-Irala*, Synopsis, en ligne: <https://ccrjustice.org/ourcases/past-cases/fil%C3%A1rtiga-v.-pe%C3%B1-irala>, (Site consulté le 23 mars 2015)

[126] *Filartiga v. Pena-Irala*, 577 F. Supp. 860 (E.D.N.Y.1984)

[127] *Filártiga v. Peña-Irala*, « *Construing this rarely-invoked provision [28 USC § 1350], we hold that deliberate torture perpetrated under color of official authority violates universally accepted norms of the international law of human rights, regardless of the nationality of the parties. Thus, whenever an alleged torturer is found and served with process by an alien within our borders, § 1350 provides federal jurisdiction*», 630 F.2d 876, 878

lement ouvert la voie à une utilisation moderne de l'ATCA pour les recours fondés sur les violations des droits de la personne.

Sur le plan normatif, l'ATCA a permis de nourrir une réflexion ayant mené à l'adoption de la *Torture Victims Protection Act* (TVPA) par le Congrès américain le 12 juin 1992[128]. Cette loi autorise les actions civiles en dommages-intérêts dans les cas de violations telles que des actes de torture ou des exécutions extrajudiciaires. Si la TVPA a comme vocation de compléter l'ATCA[129], son application se limite toutefois aux deux catégories de violations énoncées, dans les cas où elles sont perpétrées *« under the colour of law »*. Il s'agit donc des actes commis par un fonctionnaire étranger agissant avec « *une autorité réelle ou apparente, ou sous couvert de la loi, de toute nation étrangère* »[130].

Le contexte juridique américain en matière de poursuites civiles des violations des droits de l'homme commises à l'étranger entre étrangers démontre une certaine prédisposition « *pour répondre aux abus associés à la mondialisation* »[131]. De façon générale, l'ATCA a contribué à donner accès aux juridictions américaines aux victimes étrangères. C'est en ce sens que l'ATCA offre au

---

128 *Torture Victim Protection Act* (TVPA) 1991, Pub. L. No.102-256, 106 Stat. 73 (1992), « *Establishment of Civil Action », (a), [a]n individual who, under actual or apparent authority, or color of law, of any foreign action : a) subjects an individual to torture shall, in a civil action, be liable for damages to that individual ; or b) subjects an individual to extrajudicial killing shall, in a civil action, be liable for damages to the individual's legal representative, or to any person who may be a claimant in an action for wrongful death* », article 2.

129 I. MOULIER, « *Observations sur l'Alien Tort Claims Act et ses implications internationales* », Annuaire Français de Droit international, 2003, p. 138

130 *Ibid.*

131 R. Teitel, « *L'« alien tort » et l'état de droit mondial* », Revue internationale des sciences sociales 2005, p. 601

juge américain de jouer dans une certaine mesure un rôle majeur en matière de contentieux de violation des droits de l'homme.

B. L'Alien Tort Claim Act à l'aune de l'universalité dans la protection des droits de l'homme

Les juges américains ont rendu des décisions fondées sur l'ATCA consacrant la responsabilité civile d'agents publics ou de fonctionnaires étatiques pour des actes de torture ou de meurtre commis au nom d'un pouvoir réel ou apparent, sous couvert de la loi d'un pays étranger dans l'exercice de leurs fonctions avec les prérogatives de la puissance publique[132]. De façon plus large, l'ATCA a ainsi permis de consacrer la responsabilité civile de personnes privées coupables de violations graves du droit international des droits de l'homme et du droit international humanitaire. Elle a aussi permis la naissance de recours contre certaines autorités étatiques qui sont le plus souvent protégées par le jeu des immunités. À cet égard, des recours furent intentés à l'encontre des chefs politiques de certains pays, notamment des Philippines[133], d'Haïti[134], de la Bosnie[135] et du Zimbabwe[136]. Les juridictions américaines se sont déclarées compétentes pour statuer sur l'action civile introduite pour obtenir des réparations dans des cas de torture, de disparitions forcées, de détentions arbitraires et d'exécutions extrajudiciaires[137]. De même, des poursuites

---

[132] V. Renaudie, « *Les USA pays des droits de l'homme ? Un instrument universel de protection des droits de l'homme méconnu : le US alien tort claim act* », RIDC, 2004, p. 607

[133] *F. E. Marcos*, 978 F. 2d 493, 501 (9th circuit 1992).

[134] *Lafontant v. Aristide*, 844 Fed. Supp. 128 (Eastern dist. N. Y. 1994)

[135] *Kadic v. Karadzic*, 70 F.3d 232 (2d Cir.1995)

[136] *Tachiona v. United States*, 386 F.3d 205 (2004)

[137] Respectivement, *Doe v. Lumintang*, (D.C.D.C CV 0064), 10 septembre 2001, *Forti v. Suarez-Mason*, 694 F. Supp. 707 (N.D. Cal.)

ont aussi été intentées par des victimes de crimes contre l'humanité, de crimes de guerre et de génocide contre des personnes ayant agi à titre privé ou sous le couvert de leurs fonctions[138]. Ces recours ont, toutefois, connu un succès mitigé dans la mesure où dans certaines affaires les victimes ont obtenu des condamnations et des réparations[139], alors que dans d'autres cas, les recours ont été rejetés pour des raisons liées aux souverainetés ou aux immunités[140].

À cet égard, plusieurs victimes ont réussi à avoir accès à la justice américaine pour intenter des recours contre des EMN à l'orée des années 1990. Les recours impliquaient aussi bien des entreprises actives dans les secteurs minier[141], agroalimentaire[142], pétrolier[143], pharmaceutique[144] que des entreprises actives dans le champ de la communication[145].

1988, *Xuncax v. Gramajo*, 886 F. Supp. 162 (D. Mass. 1995), Forti v. Suarez-Mason, 672 F. Supp. 1531 (N.D. Cal. 1987)

[138] *Kadic v. Karadzic*, 70 F. 3d 232 (2d Cir. 1995), Jean Bosco Barayagwiza, ordonnance du 8 avril 1996, U.S. District Court for the Southern District of New York, U.S. Dist. Lexis 4409

[139] Dans l'affaire Marcos par exemple, les ayants droit de l'ancien dictateur philippin ont été condamnés à verser plus de deux milliards de dollars aux demandeurs, *In re Estate of Ferdinand Marcos Human Rights Litigation*, 910 F. Supp. 1460 (D. Haw. 1995)

[140] *Tachiona v. Mugabe*, 386 F.3d 205 (2d Cir. 2004).

[141] *Sarei v. Rio Tinto, PLC*, 671 F.3d 736 (9th Cir. 2011), *The Presbyterian Church of Sudan v. Talisman*, 582 F.3d 244, 258–59 (2d Cir.2009)

[142] *Sinaltrainal v Coca-Cola* 578 F 3d 1252, 1263 (11th Cir 2009)

[143] *Aguinda v. Texaco, Inc.* (Aguinda III), 303 F.3d 470, 480 (2d Cir. 2002), *Bowoto v. Chevron Corp.*, 621 F.3d (9th Cir. 2010), Doe *v. Exxon Mobil Corp.*, 654 F.3d 11 (D.C. Cir. 2011)

[144] *Abdullahi v. Pfizer, Inc.*, 562 F.3d 163 (2d Cir. 2009)

[145] *Wang Xiaoning v. Yahoo!, Inc.*, No. C07-02151 (N.D. Cal. Nov. 13, 2007)

Paragraphe II - L'Alien Tort Claim Act comme idéal inachevé d'un modèle de compétence civile universelle

Théoriquement, la compétence civile universelle est l'aptitude dont peuvent disposer les tribunaux étatiques pour juger un litige dont les faits se sont déroulés à l'étranger et octroyer des réparations pécuniaires, quel que soit le lieu de l'infraction et la nationalité de son auteur ou celle de la victime[146]. L'ATCA pourrait constituer en ce sens le modèle le plus achevé en matière de compétence civile universelle, du moins si l'on s'en tient à sa formulation textuelle. Il est vrai qu'au niveau doctrinal, le débat reste entier sur la question de l'universalité et de l'extraterritorialité en matière de compétence civile[147]. Si aucun traité international n'aborde expressément la question de la portée du pouvoir des juges nationaux en matière de compétence civile universelle, pour Hervé Ascencio, il est possible de trouver des fondements pour l'exercice de la compétence universelle en matière civile dans le droit international coutumier[148]. En relation avec

---

[146] J. Salmon (dir.), *Dictionnaire de droit international public,* Bruxelles, Bruylant, 2001, p. 212, Ce principe matérialise la maxime latine : « *ubi te invenero, ibi te judicabo : où je t'ai trouvé, je te jugerai* ». Le but est de consacrer universalité du droit de punir. C'est au 16e siècle que le principe de compétence universelle apparaît pour la première fois en droit international pour les crimes de piraterie commis en Haute Mer. Mais après la Seconde Guerre mondiale en 1945, l'adoption des Conventions de Genève ouvre la voie à la répression universelle des violations graves des droits de l'homme.

[147] R. Teitel, *op. cit.*, p. 606

[148] H. Ascencio avance que la compétence universelle a en effet pour objectif de lutter contre l'impunité en octroyant aux juges la capacité de réprimer les infractions graves de droit international, sans utiliser les règles de compétence territoriale (qui subordonne la poursuite à la localisation de l'infraction sur le territoire étatique) ou de compétence personnelle (qui subordonne la compétence sur le critère de nationalité de l'auteur de l'infraction) et de la compétence réelle (en subordonnant les poursuites uniquement aux situations portant atteinte à un

ce qui précède, il apparaît que l'ATCA a permis au fil des années que les victimes aient accès à la justice américaine pour faire valoir leur droit à réparation. Pour ces dernières, l'ATCA porte en elle un idéal ambitieux dans la mesure où son statut permettrait de contester les violations commises par les acteurs d'une nature différente des États. Au-delà de toutes les vertus positives de l'ATCA, le propos appelle à quelques nuances. Il faut se garder d'avoir une vision candide du for américain en s'interrogeant sur la légitimité de l'usage de l'ATCA par les juges américains[149]. On démontrera donc ici que l'ATCA est une loi aux réalisations modestes au regard des obstacles *ratione materiae* (A) et des difficultés liées à la détermination de la complicité des EMN dans les cas de violations de droits de l'homme sur les fondements de cette loi (B).

A. Une loi aux modestes ambitions limitée par les obstacles ratione materiae

Dans un premier temps, la problématique majeure liée aux nombreuses limites de la mise en œuvre de l'ATCA découle en majorité de l'encadrement juridique précaire de

---

intérêt fondamental de l'État), in « *L'extraterritorialité comme instrument* », Contribution aux travaux du Représentant spécial du Secrétaire général des Nations Unies sur les droits de l'homme et entreprises transnationales et autres entreprises, 2010, p. 3, en ligne : <http://www.diplomatie.gouv.fr/fr/IMG/pdf/1_2PESP_2_Etude_lextra territorialite_comme_instrumentx_cle84485e.pdf > (Site consulté le 3 juin 2016). Sur la question de la compétence universelle voir V. Zakane, *« La compétence universelle des États dans le droit international contemporain »*, African Yearbook of international Law, p.191, voir également M. Akehurst, *A Modern Introduction to international Law*, 6ème éd., Londres, Harper Collins Academic, 1992, « *[..] international law does not seem to impose any restrictions on the jurisdiction of courts in civil cases ; it restricts jurisdiction only in criminal cases* », p.105

149 H. M. Watt, *op. cit.*, p. 896

la responsabilité des EMN en matière de violations des droits de l'homme. À cet écueil initial s'ajoutent aussi les obstructions qui résultent de la grande controverse qui règne tant au niveau des différents circuits que dans les milieux académiques au sujet des contours exacts de cette législation[150]. L'ATCA est en effet décrite comme floue et équivoque quant aux questions de procédures et à celles de nature plus substantielle, notamment en ce qui a trait aux droits couverts par le statut. Il nous est évidemment impossible de traiter dans le détail de tous les obstacles qui se rattachent à chacune des affaires portées devant les juridictions fédérales américaines sur les fondements de l'ATCA à l'encontre des EMN. On s'attardera essentiellement sur les obstacles découlant des ambigüités substantielles liées au champ d'application controversé de l'ATCA.

L'ATCA, rappelons-le, s'applique uniquement pour des violations du droit des nations ou d'un traité auquel les États-Unis sont parties. Les requérants étrangers doivent démontrer l'existence d'une violation du droit international positif qu'il soit d'origine conventionnelle ou coutumière[151]. L'ambigüité première de l'ATCA provient de l'imprécision de l'expression « Law of Nations » et l'une des difficultés à laquelle les juges américains font face lors de l'examen des recours en réparation est donc de circonscrire la notion. Certaines cours avaient cautionné une interprétation strictement historique de la notion de « droit des nations » à l'effet qu'elle se limite aux infractions définies par le statut, en l'occurrence les actes de piraterie maritime, les cas de violations des privilèges et des immu-

[150] D. Surya, *Regulating Corporate Human Rights Violations: Humanizing Business*, London, New York, Routledge, 2012, p. 67

[151] I. Moulier, *op. cit.*, p. 139, « *The "law of nations" is generally equated with customary international law*», voir *Flores v. Southern Peru Copper Corp.*, 414 F.3d 233, 237 (2d Cir. 2003)

nités des ambassadeurs et les violations des sauf-conduits[152].

Il faut dès lors reconnaître que cette exigence de proximité des recours avec les actions en justice internationalement reconnues au dix-huitième siècle place *in fine* un lourd fardeau sur les épaules des victimes qui poursuivent les EMN[153] et constitue une portée très réductrice comparativement aux évolutions du droit international contemporain[154]. À cela s'ajoute la précaution dont doivent faire preuve les juges en catégorisant les violations relevant du droit des nations et en veillant à ce que les recours acceptés n'aient pas de conséquences sur les relations diplomatiques avec les États d'origine des EMN impliquées dans ce genre de litige[155].

Il est aussi difficile de dégager de la jurisprudence des éléments uniformes qui permettent de définir clairement les éléments constitutifs de la violation du droit des nations. Si le concept semble couvrir une réalité large[156], l'interprétation juridique contemporaine de l'ATCA tend à restreindre en réalité les violations attribuables au *jus gentium*[157]. Les différents circuits ont adopté au fil des années des interprétations fluctuantes, différemment circonscrites et parfois même divergentes sur la question. À cet égard, dans une affaire impliquant une EMN, les juges ont affirmé que les tribunaux devant lesquels étaient portés les recours se fondant sur l'ATCA demeuraient libres de dé-

---

[152] *Sosa v. Alvarez-Machain, op. cit.*, par. 715

[153] D. Surya, *op. cit.*, p. 71

[154] G. Lewkowicz, « *Droits de l'homme, droits du citoyen : les présupposés de la jurisprudence américaine et européenne* », in J. Allard, G. Haarscher, L. Hennebel, G. Lewkowicz, *Juger les droits de l'homme : Europe et États Unis face à face*, Bruxelles, Bruylant, 2008, pp. 1, 24.

[155] *Sosa v. Alvarez-Machain, op. cit.*

[156] D. Surya, *op. cit.*, p. 70.

[157] J-F Flauss *op. cit.*, p. 251.

terminer si des violations aussi importantes que le travail des enfants ou le génocide culturel constituaient des violations du droit des nations[158]. Une telle liberté est évidemment susceptible de créer des interprétations divergentes d'une cour à une autre. Ainsi, dans certaines affaires les juges américains ont conclu que l'ATCA semble affirmer que le travail forcé, qui est une forme moderne d'esclavage, constitue une violation du droit des nations[159]. Tandis que dans d'autres, ils arrivent à une autre conclusion. C'est le cas par exemple de l'affaire *Flomo v. Firestone Natural Rubber Company*[160], dont la trame factuelle s'est déroulée au Libéria avant que l'affaire ne soit portée aux États-Unis. En novembre 2005, un recours fut déposé contre l'EMN Firestone, une filiale de l'entreprise Bridgestone, producteur mondial de caoutchouc. Les demandeurs accusaient Firestone d'exploiter avec des méthodes esclavagistes la main-d'œuvre qu'elle employait sur sa plantation d'hévéas pour extraire des tonnes de caoutchouc au moyen d'outils et de substances potentiellement dangereuses pour leur santé[161]. Installée au Libéria depuis 1926, la plantation de Firestone, qui est la plus grande exploitation de caoutchouc au monde, fut créée après un accord entre l'entreprise et le gouvernement libérien. Le recours d'abord introduit en Californie fut transféré vers l'Indiana en 2006 devant les juges du septième circuit[162]. La requête du premier groupe de demandeurs

---

158 *Aguinda v. Texaco Inc., op. cit.*

159 *Doe I v. Unocal*, op. cit. Les juges ont affirmé que « forced labor, murder, rape, and torture are violations of the law of nation ».

160 *Flomo v. Firestone Natural Rubber Company*, 643 F.3d 1013, 1015, 1021 (7th Cir. 2011)

161 *Ibid.*

162 *Jon Roe v. Bridgestone Corporation*, 492 F. Supp. 2d 988 (2007 U.S. Dist), 995. H. M. Watt avance la thèse selon laquelle cette réticence des juges américains à qualifier les faits de l'affaire (embauche à point de fusil, heures inhumaines, salaires extrêmement bas) comme

constitué de travailleurs adultes qui alléguaient l'usage de travail forcé par la compagnie a été rejetée par les juges le 26 juin 2007 aux motifs que les faits de l'espèce ne pouvaient pas être assimilés à du travail forcé[163]. Les juges ont tout de même accepté d'examiner en appel la requête des 23 enfants qui avait été examinée par les juges du district du septième circuit et dans laquelle ils accusaient l'entreprise Firestone d'avoir utilisé indirectement et profité du travail des enfants en violant le droit international coutumier. En 2011 toutefois, la faible lueur d'espoir s'est éteinte lorsque le tribunal du septième circuit a finalement rejeté le recours en affirmant que : « *We have not been given an adequate basis for inferring a violation of customary international law, bearing in mind the Supreme Court's insistence on caution in recognizing new norms of customary international law in litigation under the Alien Tort Statute* »[164].

Bien que les juges aient admis que le travail forcé est une violation du droit des nations, ils ont toutefois affirmé les demandeurs n'ont fourni aucune preuve concrète des coutumes et des pratiques démontrant que les États se trouvent dans l'obligation légale d'imposer aux employeurs une responsabilité dans le travail forcé des enfants comme dans l'affaire soumise au tribunal. Les juges ont par ailleurs estimé que cette obligation était d'autant plus difficile à prouver compte tenu de la diversité des

---

de l'esclavage moderne s'explique par la crainte de se voir se faire accuser d'expansionnisme s'ils prenaient sur eux de déterminer les conditions minimales de salaire et de conditions de travail à travers le monde. Voir H. Muir Watt, « *L'esclavage moderne et la compétence civile universelle : réflexions sur l'Alien Tort Statute* », dans M-A Moreau, H. M. Watt, et P. Rodière (dir.), *op. cit.*, pp. 99,103, 105

[163] *Jon Roe v. Bridgestone Corporation, op. cit.*

[164] *Flomo v. Firestone Natural Rubber Company, op. cit.*

conditions économiques dans le monde[165]. Ultimement, les juges ont affirmé que les faits présentés[166] ne démontraient pas avec suffisamment de clarté et de certitude que l'entreprise avait violé le droit international coutumier afin de justifier un recours fondé sur l'ATCA. En effet, l'entreprise Firestone n'était pas accusée d'employer directement les enfants, mais plutôt d'imposer des quotas dont le seuil élevé obligeait les employés à faire appel à leurs enfants comme aides. Les juges ont affirmé que dans un cas comme celui-ci il fallait déterminer sur une base employeur à employeur quel niveau de quota de production viole le droit international coutumier en encourageant le travail forcé des enfants. Or, les preuves présentées ne permettaient pas de savoir combien d'enfants travaillaient dans les plantations (sauf les 23 enfants demandeurs, dont l'âge variait de six à seize ans et dont la situation pouvait être différente de celles des autres enfants travaillant sur la plantation) et les juges ignoraient également la situation des enfants libériens vivant hors de la plantation Firestone[167].

---

[165] Les juges ont estimé que cette obligation coutumière a été formalisée pour les autres formes de travail des enfants énumérés dans la *Convention 182 de l'OIT concernant l'interdiction des pires formes de travail des enfants et l'action immédiate en vue de leur élimination*, telle que l'exploitation sexuelle des enfants, OIT, 17 juin 1999 (Entrée en vigueur : 19 nov. 2000), en ligne : <http://www.ilo.org/dyn/normlex/fr/f?p=NORMLEXPUB:12100:0::NO::P12100_ILO_CODE:C182> (Site consulté le 10 juin 2015), voir aussi la *loi pour la protection des victimes de la traite*, 22 U.S.C. § 7102 (8), 7104 (i); ou le *Protocole facultatif des Nations Unies sur la Convention relative aux droits de l'enfant concernant la vente d'enfants, la prostitution des enfants et la pornographie impliquant des enfants*, articles 3-4, le 25 mai 2000.

[166] Flomo v. Firestone Natural Rubber Company, op. cit, para. 1024

[167] *Ibid.* Les juges ont expliqué que la plus grande objection à ce procès provenait aussi du fait qu'ils ignoraient au moment du procès : « *how hard that work is, and how many children work as hard as the*

La question de savoir si le travail forcé des enfants constituait une violation du droit international coutumier en permettant d'appuyer un recours judiciaire sur le fondement de l'ATCA reste donc difficile à établir tel que le démontre l'affaire *Flomo*. Néanmoins, la tendance majoritaire des juges américains démontre une certaine réticence qui est d'autant plus nourrie par les incertitudes qui subsistent sur la question de l'encadrement de la responsabilité des EMN dans l'état actuel du droit international[168].

Au-delà du droit international coutumier, l'application de l'ATCA reste limitée aux violations relevant des traités internationaux ratifiés par les États-Unis. Or, les États-Unis étant un pays à régime dualiste, les traités n'ont pas un effet *self executing*, et ils ne s'appliquent pas directement une fois ratifiés[169]. Il s'ensuit par conséquent qu'il est presque impossible pour les victimes de dommages

---

plaintiff children attest to having worked ». Par ailleurs, les juges ont estimé en tenant compte de la situation globale prévalant au Libéria, qu'il s'avérait que les pères des enfants de la plantation Firestone étaient bien payés par rapport aux standards libériens. De plus, la situation des enfants aidant leurs pères au travail serait meilleure dans l'ensemble que la moyenne des autres enfants libériens. La situation serait pire si leurs pères venaient à être dans l'incapacité de remplir leurs quotas quotidiens et à perdre leur emploi ou s'ils devaient payer des adultes pour aider (cela réduirait ainsi le revenu de la famille). Les juges ont ainsi estimé difficile de savoir quel était l'effet réel sur leur bien-être du fait qu'ils travaillent sur la plantation.

[168] M.M. Salah, *op. cit.*, p. 267

[169] E. Young affirme que : « *plaintiffs' claims in ATS litigation generally relied on principles that appear in multilateral treaties, but which could not be invoked directly because the U.S. had either failed to ratify those treaties or ratified them subject to reservations, understandings, and declarations forbidding their invocation in dometic litigation* », in « *Universal Jurisdiction, the Alien Tort Statute, and Transnational Public Law Litigation after Kiobel* », Duke University - School of Law 2014, p. 18 en ligne : <http://dx.doi.org/10.2139/ssrn.2409838>, (Site consulté le 14 mars 2016)

environnementaux[170] ou de certaines catégories de travail forcé de faire entendre leur cause. À cet égard, les juges ont souligné dans l'affaire *Roe* v. *Bridgestone Corporation,* précédemment citée[171], que la non ratification par les États-Unis de la *Convention n° 29 sur le travail forcé* de l'OIT limitait l'examen de la cause fondée sur le travail forcé qui a finalement été rejeté[172]. Ce raisonnement a toutefois été renversé par les juges en appel qui ont tempéré la tendance en affirmant que, de toute façon, les conventions qui ne sont pas ratifiées par tous les États peuvent quand même constituer la preuve de l'existence d'obligations en droit coutumier international[173]. Par ailleurs, le tribunal a affirmé que les demandeurs pouvaient évoquer avec succès la *Convention n°182 sur les pires*

---

[170] Les États-Unis n'ont pas par exemple ratifié le protocole de Kyoto, voir *Status of Ratification of the Kyoto Protocole*, en ligne : <http://unfccc.int/kyoto_protocol/status_of_ratification/items/2613.php> (Site consulté le 5 avril 2016)

[171] *Roe v. Bridgestone Co*, *op. cit.*

[172] La Cour a d'ailleurs affirmé qu'aucune obligation légale n'était imposée dans ce sens aux États-Unis et qu'il serait : « *odd indeed if a United States court were to treat as universal and binding in other nations and international convention that the United States government has declined to ratify* itself », 492 F. Supp.2d, 1015, OIT, Convention (n° 29) concernant le travail forcé ou obligatoire, 1930, en ligne: <http://www.ilo.org/dyn/normlex/fr/f?p=NORMLEXPUB:12100:0::NO::P12100_ILO_CODE:C029> (Site consulté le 5 avril 2015), dans le même sens P. Henner, Human Rights and the Alien Tort Statute, Chicago, American Bar Association, 2009, p.150

[173] *Flomo v. Firestone, op. cit.* Les juges ont affirmé que : « *[...] the fact that Congress may not have enacted legislation implementing a particular treaty or convention (maybe because the treaty or convention hadn't been ratified) does not make a principle of customary international law evidenced by the treaty or convention unenforceable in U.S. courts. And anyway conventions that not all nations ratify can still be evidence of customary international law.* ». Voir aussi *Abdullahi v Pfizer*, 562 F.3d at 176 –77; *Khulumani v. Barclay Nat'l Bank Ltd.*, 504 F.3d 254, 283–84 (2d Cir.2007) (opinion concurrente).

formes de travail des enfants de l'OIT qui a été ratifiée par les États-Unis et qui énonce que les pires formes de travail des enfants comprennent « *les travaux qui, par leur nature ou les circonstances dans lesquelles ils s'exercent, sont susceptibles de nuire à la santé, la sécurité ou la moralité des enfants* »[174]. Toutefois, selon les juges, cette disposition est assez vague, en partie parce que le seuil de préjudice passible de poursuites n'est pas spécifié et en partie à cause de l'imprécision inhérente aux mots « *sécurité* » et « *morale* »[175].

Il faut donc convenir que les recours fondés sur les traités restent une voie extrêmement limitée et, selon Peter Henner, ce canal ne devrait pas être davantage invoqué par les victimes à l'avenir puisqu'il y a très peu de traités susceptibles d'être directement applicables sur les fondements de l'ATCA[176]. La ratification des traités pourrait ne pas être déterminante dans les recours si les victimes parvien-

---

[174] OIT, Convention concernant l'interdiction des pires formes de travail des enfants et l'action immédiate en vue de leur élimination, *op. cit.*

[175] La portée de l'universalité de la Convention concernant l'interdiction des pires formes de travail des enfants est surtout réduite par l'article 4 qui énoncent que « les types de travail visés à l'article 3 d) doivent être déterminés par la législation nationale ou l'autorité compétente, après consultation des organisations d'employeurs et de travailleurs intéressées, en prenant en considération les normes internationales pertinentes, et en particulier les paragraphes 3 et 4 de la recommandation sur les pires formes de travail des enfants », article 4. Dans la même veine, les juges de la Cour suprême, dans l'affaire *Sosa* précédemment évoquée, ont affirmé que les accords internationaux auxquels M. Alvarez-Machain se référait pour fonder son recours n'appartenaient pas au domaine couvert par le droit des nations, puisqu'en l'occurrence le *Pacte international sur les droits civils et politiques* est un traité qui n'est pas d'application directe et la *Déclaration universelle des droits de l'homme* n'a pas de force juridique obligatoire.

[176] P. Henner, *op. cit.*, p. 199

nent à invoquer avec succès la violation d'une norme faisant partie du droit des nations.

Somme toute, le consensus dominant qui semble donc se dégager de la pratique judiciaire américaine est que les violations appréhendées par l'ATCA sont celles qui relèvent du droit des nations envisagées comme équivalent du *jus cogens.* Ces violations qui relèvent de la catégorie des crimes internationaux sont constituées notamment de crimes de torture, de génocides, de crimes contre l'humanité, de crimes de guerre, du travail forcé et de l'esclavage.

De plus, il semble malaisé pour les victimes d'appuyer leurs plaintes sur les violations des droits des traités puisque, tel que démontré précédemment, le parcours des victimes n'est pas facilité par les controverses sur la question de la reconnaissance affirmée ou infirmée de la responsabilité des EMN sur les fondements de l'ATCA. Dès lors, il découle que s'il est malaisé de poursuivre les EMN dans les cas de violations « *non graves* » des droits de l'homme ne relevant pas du *jus cogens*, il est davantage plus complexe de poursuivre les EMN dans les cas de responsabilité secondaire, autrement dit dans les affaires où elles se rendent complices des violations de droits de l'homme.

B. Une loi aux modestes réalisations découlant des obstacles en matière de détermination de complicité

Les EMN peuvent violer ou participer par ricochet à des violations des droits de l'homme dans deux cas de figure envisagés par les *Principes directeurs*, notamment par la complicité directe et par la complicité par intérêt[177]. Dans le premier cas qui se rapproche au mieux de la notion juridique de la complicité, les EMN peuvent être des

[177] Principes directeurs ONU, pp. 21, 22

« *complices directes* » des violations des droits de l'homme en aidant ou en soutenant en toute connaissance de cause un État qui viole les droits contenus dans les instruments internationaux de protection des droits de l'homme[178]. Les EMN peuvent ainsi se rendre complices en entretenant, par exemple, des relations répréhensibles avec des régimes dictatoriaux et en contribuant de diverses manières à violer les droits des populations, principalement dans les pays en développement où se déroulent des opérations d'extractions minières ou de production pétrolière[179]. À cet égard, l'interrogation fondamentale est celle de savoir s'il doit y avoir un lien avec une activité étatique pour qu'un recours soit accepté par les tribunaux sur les fondements de l'ATCA, étant donné qu'on y utilise le terme « *nations* ». Au fil des années, la jurisprudence n'a pas apporté une réponse unanime à cette question. La première affaire mettant en cause la complicité d'une EMN avec des forces paramilitaires est l'affaire *Unocal*. Dans cette affaire, les juges ont estimé que « [...] *forced labor, like traditional variants of slave trading, is among the handful of crimes* [...] *such that state action is not required* »[180].

À cette exigence s'ajoute le critère de l'élément moral[181], psychologique ou mental (*mens rea*) qui a été reconnu par les juges comme essentiel à la poursuite dans les affaires de complicité de violations des droits de

---

178 Conseil des Droits de L'homme, Protéger, respecter et réparer : un cadre pour les entreprises et les droits de l'homme- Rapport du Représentant spécial du Secrétaire général chargé de la question des droits de l'homme et des sociétés transnationales et autres entreprises, M. John Ruggie, Doc.N.U. A/HRC/8/5, 8ème sess., (7 avril 2008), p. 21. Voir aussi O. DE SCHUTTER., *op. cit.*, p. 76

179 J-F. Flauss, *op. cit.*, p. 237.

180 *Doe I v. Unocal Corporation, op. cit.*, dans le même sens affaire *Sarei c. Rio Tinto* (487 f.3D1193, 2007)

181 O. De Schutter., *op. cit.*, p. 74

l'homme sur les fondements de l'ATCA[182]. À titre d'exemple, dans l'affaire *Presbyterian Church of Sudan v. Talisman Energy*[183], des demandeurs soudanais et une association religieuse poursuivaient une EMN canadienne pour avoir soutenu, aidé, encouragé ou conspiré avec le gouvernement du Soudan afin de développer une concession de pétrole soudanaise. Les juges de la Cour d'appel du second circuit ont rejeté la demande, arguant que *« for a conspiracy claim under the ATS, the court requires proof of a joint criminal enterprise and a criminal intention to participate in a common criminal design »*[184]. Les juges ont par ailleurs admis que Talisman pouvait être responsable de complicité si une assistance substantielle avait été accordée au gouvernement expressément « *with the* ***purpose*** *of aiding the government's unlawful conduct »*[185].

Les juges ont suivi le même raisonnement dans l'affaire *Doe I* v. *Nestlé,* introduite le 14 juillet 2005 par trois ressortissants maliens et l'ONG Global Exchange devant une cour de district californienne. Elle visait les entreprises

---

[182] R. S. Lincoln, « *To Proceed with Caution : Aiding and Abetting Liability under the Alien Tort Statute*», Berkeley J. Int'l Law, 2010, p. 612. Dans les affaires Unocal et Talisman la *mens rea* a été requise et selon lui : « *For potential litigants and any future Supreme Court ruling on aiding and abetting, the key issue will likely be the mens rea standard.*». Voir aussi *Bowoto v. Chevron Corp.*, « *[...] plaintiff must prove that defendant knew that the principal violator intended to commit the violation* », No. C 99-02506 SI, 2006 WL 2455752, 4 (N.D. Cal. Aug. 22, 2006)

[183] Presbyterian Church of Sudan v. Talisman Energy Inc., 582 F.3d, (2d Cir.), 2009

[184] *Ibid.*, 244, 247-259 (2d Cir., 2009)

[185] *Ibid.*, 244, 259 Finalement, les juges ont rejeté la requête des demandeurs, estimant que la connaissance de Talisman des violations par le gouvernement soudanais du droit international n'a pas atteint le niveau requis de *mens rea* pour tenir la société responsable, para. 260-61.

Nestlé, Archer Daniels Midland et Cargill accusées d'avoir fait usage du travail des enfants et de détention arbitraire dans le cadre de leurs activités d'exploitation cacaoyère en Côte d'Ivoire. Les juges du neuvième circuit ont affirmé que : « *the core definition of aiding and abetting under international law requires the following. A person is legally responsible for aiding and abetting a principal's wrongful act when the aider and abettor (1) carries out acts that have a substantial effect on the perpetration of a specific crime, and (2) acts with the specific intent (i.e., for the purpose) of substantially assisting the commission of that crime* »[186].

Somme toute, les critères pour retenir la responsabilité des EMN dans des cas de complicité tirent leurs sources dans les principes de droit pénal international, qui présentent des standards élevés. À cet égard, le principal défi pour les victimes reste sans doute de démontrer l'élément intentionnel, la *mens rea* dans ces affaires de complicité[187]. Or, l'introduction des critères des infractions criminelles dans les actions en responsabilité civile pose de sérieux problèmes au niveau procédural dans l'administration de la preuve et il devient difficile pour les victimes de prouver la responsabilité des entreprises dans les affaires de complicité[188].

En fin de compte, dans les cas de complicité directe, il apparaît que les EMN contribuent ou participent en toute connaissance de cause à des atteintes majeures aux droits de l'homme, tandis que dans les cas de complicité par in-

---

[186] *Doe I v. Nestle*, « *apply[ing] the dominant approach taken in the recent international appellate tribunal decisions [..] require that the aider and abettor must know or have reason to know of the relationship between his conduct and the wrongful acts.* », 748 F. Supp. 2d 1057, 1083 (C.D. Cal. 2010)

[187] R. S. Lincoln, *op. cit.*, p. 618

[188] D. Surya, *op. cit.*, p. 69

térêt, les EMN se contentent de profiter de ces violations en s'abstenant de les dénoncer ou de mettre fin à des relations contractuelles ne respectant pas les principes de protection des droits fondamentaux de la personne. On constate cependant que dans les deux cas, l'obstacle prépondérant auquel se heurtent les victimes est l'obtention de trouver les preuves juridiques nécessaires à la démonstration matérielle et intentionnelle des allégations factuelles de violations des droits de l'homme par les EMN. La rigidité du test pour la complicité accroît donc fortement la marge d'incertitude pour l'obtention de réparations par les victimes. La complexité dans les cas de complicité demeure une réalité pour les victimes et il est certain que cet obstacle participe à amoindrir la portée de l'ATCA, comme l'illustre si bien l'affaire *Kiobel*.

Section II - L'impact de l'affaire *Kiobel* dans le contentieux impliquant les entreprises multinationales

L'affaire *Kiobel* a connu un retentissement majeur dans la sphère du contentieux impliquant les entreprises poursuivies pour violations des droits de l'homme. Le 17 avril 2013, la Cour Suprême des États-Unis s'est prononcée pour la deuxième fois seulement en deux siècles sur la question de l'interprétation et de l'application de l'ATCA. Les prochains développements porteront donc successivement sur l'analyse de la substance de la décision *Kiobel* proprement dite (§I) avant d'examiner les enjeux qui en résultent (§II).

Paragraphe I - L'affaire Kiobel *devant le juge américain*

En 2002, un recours avait été introduit devant le second circuit à New York contre l'EMN Royal Dutch Petroleum. Esther Kiobel, la veuve du Dr Barinem Kiobel, et d'autres Nigérians poursuivaient l'entreprise en l'accusant de complicité dans l'assassinat de militants ogonis engagés dans une campagne dénonçant les dommages environnementaux causés par les opérations d'extraction pétrolière dans la région de l'Ogoni au Nigeria dans les années 90. Le recours se fondait sur l'ATCA et les victimes reprochaient à la filiale nigériane de Shell Petroleum Development Company (SPDC) d'avoir assisté l'armée nigériane qui s'était apparemment livrée à des actes de torture, des exécutions extrajudiciaires et d'autres violations des droits de l'homme. Le recours fut rejeté en première instance par les juges du second circuit, la même instance qui ironiquement avait pourtant donné naissance à l'interprétation avant-gardiste de l'ATCA dans l'affaire *Filártiga*[189]. Les juges de première instance du second circuit ont rejeté plusieurs des revendications des demandeurs et le 17 septembre 2010 en réponse à l'appel interlocutoire la cour d'appel pour le second circuit de New York a rejeté l'ensemble de la demande. Les motifs avancés étaient que les personnes morales de droit privé ne pouvaient être poursuivies en justice pour les violations des droits de l'homme au titre de l'ATCA étant donné que le droit des nations ne reconnaît pas la responsabilité des entreprises[190]. Les demandeurs ont contesté le jugement en appel et porté l'affaire devant la Cour suprême des États-Unis. Après les plaidoiries orales, les juges ont accordé un *certiorari*[191] aux parties le 17 octobre 2011 en leur de-

[189] O. Murray, D. Kinley, C. Pitts affirment que : « *The Court that gave new life to the ATS in Filártiga has since grown to regret its progeny and appears determined to destroy the monster it thinks it has created* », , « *Exaggerated rumours of the death of an Alien Tort? Corporations, Human Rights and the remarkable case of Kiobel* », Sydney Law School Legal Studies Research Paper, 2011, pp. 2, 38

[190] *Kiobel v. Royal Dutch Petroleum Co.*, 621 F.3d 111, 117-18 (2d Cir. 2010), 122, 145

[191] Mot latin qui signifie être informé plus complètement. Si une Cour d'appel a la charge de réviser des cas à sa discrétion, le *certioari* qui

mandant de répondre à la question de savoir si les EMN pouvaient être poursuivies sur les fondements de l'ATCA.[192] En 2012, la Cour a de nouveau demandé aux plaideurs de répondre à la question de savoir si et dans quelles circonstances les juges pouvaient reconnaitre une action sur les fondements de l'ATCA pour des violations du droit des nations se déroulant sur le territoire des pays souverains[193]. La Cour s'est finalement prononcée en 2013 dans un jugement très médiatisé qui restreint l'application de l'ATCA (A) qui ne peut désormais s'appliquer que sous des conditions très précises (B).

A. La préconisation d'une application restrictive de l'Alien Tort Claim Act

Dans l'affaire *Kiobel*, la Cour Suprême américaine n'a pas tranché clairement sur la question principale de savoir si les EMN pouvaient être tenues responsables de violations des droits de l'homme en vertu de l'ATCA[194]. Les

---

peut être ordonné aux instances judiciaires inférieures ou aux parties au litige est considéré comme l'instrument par excellence permettant aux juges de réviser un ou plusieurs aspects des affaires présentant certaines complexités dans les faits. Voir Legal Information Institute, « *Certiorari* », en ligne : <http://www.law.cornell.edu/wex/certiorari> (Site consulté le 11 mai 2016)

[192] *Kiobel v. Royal Dutch Petroleum Co.*, 642 F.3d 268 (2d Cir. 2011), *cert. granted*, 132 S. Ct. 472 (2011).

[193] *Kiobel v. Royal Dutch Petroleum Co.*, 132 S. Ct. 1738 (2012)

[194] Considération soulevée depuis 2004 par la note de bas de page 20 dans la décision *Sosa*, à savoir si le droit international étend la portée de la responsabilité pour la violation d'une norme donnée lorsque le défendeur est un acteur privé, voir *Sosa*, 542 U.S : « *A related consideration is whether international law extends the scope of liability for a violation of a given norm to the perpetrator being sued, if the defendant is a private actor such as a corporation or individual. Compare Tel-Oren v Libyan Arab Republic, 726 F 2d 774, 791–795 (CADC 1984) (Edwards J, concurring) (insufficient consensus in 1984 that torture by private actors violates international law), with Kadic v*

juges ont plutôt déplacé le débat vers d'autres questions. Ils se sont prononcés en l'occurrence au sujet de la présomption contre l'application extraterritoriale de l'ATCA et sur celle de la compétence des juridictions fédérales pour reconnaître des faits commis en dehors du territoire américain et sans lien substantiel avec celui-ci. L'extraterritorialité suppose que des normes nationales puissent régir des situations ou s'appliquer à des personnes localisées en dehors du territoire national[195]. La présomption contre l'extraterritorialité est une construction légale destinée à matérialiser l'intention du Congrès à l'effet que les lois nationales ne s'appliquent pas ordinairement à l'extérieur du territoire américain à moins d'une autorisation affirmative du Congrès[196]. Cette présomption s'applique généralement pour déterminer si une loi du Congrès règlementant une conduite s'applique à l'étranger et son application contraint de la même façon les tribunaux quand ils examinent les causes d'action qui pourraient être intentées en vertu de l'ATCA. La décision *Kiobel* a une grande importance dans la jurisprudence portant sur l'ATCA puisque c'est la première fois qu'une cour fait sien l'argument selon lequel le principe de la présomption contre l'application extraterritoriale limite la portée de

---

Karadzic, 70 F 3d 232, 239–241 (CA2 1995) (sufficient consensus in 1995 that genocide by private actors violates international law) » para. 732

[195] La règle générale est que l'autorité de l'État est limitée à son territoire, sauf dérogations expresses prévues par le droit international, voir à ce propos B. Stern, « *Quelques observations sur les règles internationales relatives à l'application extraterritoriale du droit* », Annuaire français de droit international, 1986, p. 32

[196] A. J. Colangelo, « *The Allen Tort Statute and the Law of Nations in Kiobel and Beyond* », Georgetown Journal of International Law, 2013, pp-1329, 1331. L'un des premiers cas dans lequel la Cour suprême a appliqué la présomption contre l'extraterritorialité était dans l'affaire *United States v. Palmer*, 16 U.S. (3 Wheat.) 610, 632-33 (1818)

l'ATCA[197]. Le juge en chef de la Cour Suprême, le juge Roberts qui a délivré l'opinion majoritaire de la Cour, à laquelle se sont joints les juges Scalia, Kennedy, Thomas et Alito, a confirmé l'incompétence du juge fédéral pour se prononcer sur des questions présentant un caractère extraterritorial, en arguant que « *when a statute gives no clear indication of an extraterritorial application, it has none* »[198]. Par ailleurs, les juges majoritaires ont affirmé que la présomption contre l'extraterritorialité n'est réfutée ni par le texte, ni par l'histoire ou par les finalités de l'ATCA. Selon eux, si les termes comme « *any civil action* » se retrouvent dans l'ATCA, ils ne permettent pas de réfuter la présomption contre l'extraterritorialité[199].

Par ailleurs, les juges ont aussi soutenu que deux des catégories auxquelles s'applique l'ATCA, en l'occurrence les violations des sauf-conduits ou du droit des ambassadeurs, n'ont pas nécessairement vocation à s'appliquer extraterritorialement[200]. En outre, concernant la troisième catégorie, c'est-à-dire la piraterie, les juges ont estimé qu'elle n'imposait pas la loi des États-Unis sur un territoire souverain puisque survenant en haute mer et donc

---

[197] P. Hofman, « *The implications of Kiobel accountability Litigation Under The Alien Tort Statute* », dans L. Blecher, N. Stafford, G. Bellamy, Corporate Responsibility For Human Rights Impacts: New Expectations and Paradigms, Chicago, American Bar Association, 2014, pp. 201-202

[198] La Cour s'est abondamment appuyée sur la décision *Morrison v National Australia Bank Ltd* 561 US (2010) pour motiver sa décision. Les juges de la minorité Breyer, Ginsburg, Sotomayor et Kagan ont, rejoint la Cour dans la conclusion de son jugement, mais non dans sa motivation notamment au sujet de l'extraterritorialité, *Kiobel v. Royal Dutch Petroleum co.*, 569 U. S. (2013), Opinion of the Court, [Ci-après *Kiobel*, Opinion de la Cour], p. 3

[199] *Kiobel*, Opinion de la Cour: « *"any civil action," do not rebut the presumption against extraterritorial* », p. 2

[200] *Kiobel*, Opinion de la Cour citant *Cuba R.R. Co. v. Crosby*, 222 U.S. 473, 479 (1912), p. 8

dans une zone n'appartenant pas au territoire d'un État déterminé[201]. Les juges ont par ailleurs rejeté l'argument des requérants fondé sur la doctrine du « *transitory torts* » en *common law* pour justifier une application extraterritoriale de l'ATCA par les juges[202]. Cette doctrine permet aux tribunaux d'assumer leur compétence sur des « *délits transitoires* » incluant des recours pour des dommages personnels survenant à l'étranger[203]. Les cours fédérales aux États-Unis ont la compétence pour juger des délits transitoires qui sont appréhendés comme des : « *claims arising outside the United States under which a tortfeasor could be sued wherever he [is] found, but generally under the lex loci delicti—the law of the place where the tort*

---

[201] Les juges ont affirmé que : « *Applying U. S. law to pirates, however, does not typically impose the sovereign will of the United States onto conduct occurring within the territorial jurisdiction of another sovereign, and therefore carries less direct foreign policy consequences. Pirates were fair game wherever found, by any nation, because they generally did not operate within any jurisdiction.* », *Kiobel*, Opinion de la Cour, p. 10. Sur ce point, dans son opinion concurrente, le juge Breyer fait une analyse intéressante sur la question de savoir qui peut être considéré comme le pirate aujourd'hui ? Selon lui : « *Certainly today's pirates include torturers and perpetrators of genocide. And today, like the pirates of old, they are "fair game" where they are found. Like those pirates, they are "common enemies of all mankind and all nations have an equal interest in their apprehension and punishment." [...] And just as a nation that harbored pirates provoked the concern of other nations in past centuries, so harboring "common enemies of all mankind" provokes similar concerns today.* », Breyer, J., concurring in judgment, p. 5

[202] Petitioners' Supplemental Opening Brief at 6, *Kiobel v. Royal Dutch Petroleum*, No. 10-1491 (U.S. June 6, 2012), p. 18

[203] *Kiobel*, Opinion de la Cour, p. 7. (Dans l'affaire *Mostyn* v. *Fabrigas*, les juges ont affirmé que toutes les actions de nature transitoire qui surviennent à l'étranger peuvent être considérées comme survenues dans un comté anglais, 1 Cowp. 161, 177, 98 Eng. Rep. 1021, 1030 (1774) (Mansfield, L.)

occurred. »[204]. Les juges ont affirmé qu'il est possible de justifier un recours en réparation lorsqu'une cause d'action existe et si celle-ci s'appuie sur une conviction forte qu'elle existe à l'endroit où le recours est intenté[205].

B. Les nouvelles conditions pour l'application de l'Alien Tort Claim Act

Les juges américains ont énoncé de nouvelles conditions pour faire tomber la présomption extraterritoriale dans la décision *Kiobel*. Pour écarter la présomption d'extraterritorialité, la plainte doit donc désormais toucher avec « *suffisance et force* »[206] les États-Unis et la simple présence de l'entreprise aux États-Unis ne suffit plus pour poursuivre les EMN devant les tribunaux américains. Les juges ont estimé que dans le contexte de l'affaire *Kiobel*,

---

[204] P. Hoffman et B. Stephens, « *International human rights cases under state law and in state courts* », (*UC* Irvine L R, 2013, p.9. R.Teitel affirme quant à elle que les demandes d'indemnisation découlant des droits protégés par le droit des gens étaient traditionnellement considérées comme des causes d'action transitoire et, par ce fait, pouvaient être intentées dans des pays autres que ceux sur le territoire desquels les faits s'étaient produits, *op. cit.*, p. 598. Dans ce sens, dans l'affaire *Ackerson v. Erie Ry. Co.,* les juges ont affirmé que «"[i]t is, in the international code, the well established doctrine, that every nation may rightfully exercise jurisdiction over all persons within its domains, with regard to matters purely personal [...] transitory actions "are universally founded on the supposed violation of rights, which, in contemplation of law, have no locality" », 31 N.J.L. 309, 310–12 (1865). Voir également Chimène I. KEITNER, « *State Courts and Transitory Torts in Transnational Human Rights Cases* », UC Irvine Law Review, 2013 p. 84

[205] Cet argument se base sur une décision antérieure rendue pas les juges dans l'affaire *Cuba R. Co.* v. *Crosby*, 222 U. S. 473, 479 (1912), *Kiobel*, Opinion de la Cour, p. 2.

[206] Les juges ont d'ailleurs precisé que : « *And even where the claims touch and concern the territory of the United States, they must do so with sufficient force to displace the presumption against extraterritorial application.* », *Kiobel*, Opinion de la Cour, p. 14

ni les dommages, ni les demandeurs ou les défendeurs ne présentaient de lien de connexité assez pertinent et suffisant avec les États-Unis pour permettre aux juges de se saisir de l'affaire. Tel que mentionné par le juge Breyer en l'espèce, les parties défenderesses, en l'occurrence Royal Dutch Petroleum Company et Shell Transport and Trading Company sont des entreprises étrangères ayant leurs sièges respectifs aux Pays-Bas et en Angleterre, alors que leur filiale commune, la SPDC, est basée au Nigéria. Même si ces entreprises sont enregistrées à la bourse de New York, leur présence aux États-Unis se limite à un bureau de représentation à New York[207]. En plus, les demandeurs dans cette affaire n'étaient pas des nationaux américains et, bien qu'ils aient obtenu l'asile politique et la résidence permanente aux États-Unis, ce n'était pas le cas au moment des faits. Finalement dans l'affaire *Kiobel*, il n'était pas reproché aux défendeurs d'avoir directement commis les actes de torture et autres violations alléguées, mais d'avoir été complices avec les auteurs de ces violations, qui n'étaient eux-mêmes pas des citoyens américains[208]. Les éléments d'extranéité sont donc trop nombreux pour favoriser l'application de la loi.

En outre, la présomption contre l'application extraterritoriale permet de s'assurer que le pouvoir judiciaire n'interprète pas faussement la loi américaine en entraînant des conséquences au niveau de la politique étrangère et en empiétant sur la compétence juridictionnelle des autres États sans habilitation expresse du Congrès. Ces tensions sont d'ailleurs amplifiées dans le contexte de l'utilisation de ladite loi et, depuis l'affaire Sosa, les juges préconisent une extrême prudence face aux risques d'ingérence judiciaire injustifiée dans la conduite de la politique étrangère

---

[207] J. Breyer., concurring in judgment, p. 14
[208] *Ibid.*

qui pourrait découler de son application de l'ATCA[209]. Cette présomption protège ainsi les juges d'une interprétation de la loi susceptible d'affecter la politique étrangère des États-Unis en causant des tensions et des conflits potentiels avec d'autres nations susceptibles de déboucher sur des litiges internationaux[210]. Le juge Roberts en effet, a relevé dans l'opinion majoritaire les dangers liés à une application extraterritoriale trop large de l'ATCA qui pourrait entraîner des recours à l'encontre des citoyens ou des sociétés américains à leur tour devant les tribunaux étrangers pour des affaires de violations similaires aux causes portées devant les tribunaux américains[211].

Ces préoccupations liées à la politique étrangère sont renforcées par les circonstances de l'espèce, puisqu'un très grand nombre de pays et d'organisations politiques – même d'entreprises – sont intervenus à titre *d'amici curiae* afin de mettre en garde contre les incidences politiques et économiques réelles de l'application de l'ATCA dans l'affaire *Kiobel*[212]. Au demeurant, la présomption contre

---

209 *Sosa v. Alvarez-Machain, « the potential [foreign policy] implications of recognizing causes [under the ATS] should make courts particularly wary of impinging on the discretion of the Legislative and Executive Branches in managing foreign affairs.* », 542 U. S. para.727

210 On retrouve là les réticences et contestations semblables soulevées par l'exercice de la compétence universelle en Belgique, G. Lewkowicz, *op. cit.*, p. 23. Dans le même sens, voir affaire *EEOC v. Arabian American Oil Co.*, 499 U. S. 244, 248

211 Des préoccupations similaires avaient déjà été formulées dans l'affaire *Benz c/ Compania Naviera Hidalgo*, S. A., 353 US 138, 147 (1957), *Kiobel*, Opinion de la Cour, pp. 4-5

212 Brief of the European Commission on behalf of the European Union as Amicus Curiae in Support of Neither Party, 13 juin 2012, n° 10-1491. L'Union européenne a par exemple suggéré que l'ATCA soit limitée aux violations les plus graves du droit international, notamment de génocide et de torture, en plus de suggérer l'exigence d'épuisement des voies de recours sur le plan national, p. 17. Au sujet des *amici curiae* devant les cours américaines, C. BRIGHT affirme qu'il y a une forte inflation des interventions des amici curiae déposés

l'extraterritorialité de l'ATCA envoie donc le message clair selon lequel « *les États-Unis ne seront pas le tribunal du monde* »[213] et si la loi des États-Unis a vocation à s'appliquer sur le plan interne, elle ne gouverne toutefois pas le monde[214]. Ces arguments redessinent en fin de compte une posture bien familière à la Cour Suprême américaine qui est « *le lieu d'expression d'une crispation des États-Unis sur leur souveraineté nationale* »[215]. Pour autant, l'argument des tensions nationales laisse toutefois perplexe et la décision *Kiobel* semble déconnectée de la réalité des effets associés à la mondialisation, qui a propulsé les acteurs privés, dont les EMN, au même rang que les États au regard de leur puissance économique[216]. Les EMN devraient être capables d'assumer leurs actes sans se replier derrière les souverainetés nationales ou sans se prévaloir de la stabilité des relations diplomatiques qu'entretient leur pays d'origine avec les États devant lesquels elles sont poursuivies. De plus, la position des juges ne semble pas tenir compte des évolutions et des engagements parallèles pris pour l'encadrement de la responsabilité pénale des entreprises dans certains domaines comme la lutte contre la corruption, le blanchiment d'argent, ou le financement du terrorisme qui démontrent clairement une

---

en général au cours des affaires pendantes devant la Cour Suprême depuis les 50 dernières années et leur nombre aurait d'ailleurs augmenté de près de 800%, in *L'accès à la justice civile en cas de violations des droits de l'homme par des entreprises multinationales*, thèse, Florence, European University Institute, 2013, p. 138

[213] J. Morri, « *Violation des droits de l'homme et compétence universelle, la mariée était trop belle* », Combats pour les droits de l'homme (CPDH),avril 2013, en ligne : <http://combatsdroitshomme.blog.lemonde.fr/2013/04/27/violation-des-droits-de-lhomme-et-competence-universelle-la-mariee-etait-trop-belle-scotus-17-avril-2013-kiobel-v-royal-dutch-petroleum/> (Site consulté le 5 avril 2016)

[214] Microsoft Corp. c/ AT&T Corp. 550 US 437, 454 (2007)

[215] G. Lewkowicz, *op. cit.*

[216] D. Prince, *op. cit.*, p. 47

certaine volonté d'appréhender extraterritorialement les écarts de conduite des EMN[217].

D'autre part, pour l'examen de l'affaire, les demandeurs avaient allégué des violations aux droits à la vie, à la sécurité, à la liberté d'association, à l'interdiction de la détention arbitraire : des exils forcés, des destructions des propriétés, des exécutions extrajudiciaires et autres violations qui n'ont toutefois pas été retenues par la Cour suprême. Cette dernière s'est limitée à examiner les allégations de crimes contre l'humanité, torture et traitements cruels inhumains et dégradants. Or, cette délimitation, bien que fidèle aux violations soumises à l'application de l'ATCA, limite considérablement la possibilité pour les victimes des autres infractions pourtant catégorisées en droit international[218]. Si l'indivisibilité des droits de l'homme est un principe consacré, la position jurisprudentielle des tribunaux américains en général et dans l'affaire *Kiobel* en particulier ne semble pas aller dans le sens d'une égale consécration et protection des droits fonda-

---

[217] Voir par exemple la Convention internationale pour la répression du financement du terrorisme, Résolution A/RES/54/109, Recueil des Traités, vol. 2178, 2002, p. 197, ou la loi fédérale du Foreign Corrupt Practices Act adoptée par les États-Unis en 1977, 15 U.S.C. § 78dd-1, et la *Convention sur la lutte contre la corruption d'agents publics étrangers dans les transactions commerciales internationales* ratifiée le 18 octobre 1999, OCDE, en ligne : <http://www.oecd.org/fr/daf/anti-corruption/ConvCombatBribery_FR.pdf> (Site consulté le 1 juillet 2015).

[218] O. Murray, D. Kinley, C. Pitts., *op. cit.*, p.29. Dans ce sens, pour ces auteurs, rien dans les termes de l'ATCA ou dans l'affaire *Sosa* ne limite la violation du droit des nations qu'aux crimes de droit international, et de ce fait si seuls les crimes internationaux peuvent être des « violations du droit des nations », alors l'ATCA se limiterait à la piraterie. Par conséquent, les juges auraient eu peu de travail à faire de 1789, jusqu'à l'époque de l'imposition d'une responsabilité directe aux personnes privées en droit international par les tribunaux de Nuremberg, p. 28.

mentaux. On retrouve donc là la frontière habituellement dressée entre le respect des normes de *jus cogens* (de nature contraignante) et les normes de *jus dispositivum* (de nature supplétive), ou la distinction qui découle de la hiérarchisation érigée entre les droits de première, deuxième et troisième génération ou entre les « *violations plus graves* » et les « autres violations », démarcation qui ne protège pas avec la même priorité les droits de l'homme pour lesquels pourtant les victimes réclament une égale réparation[219].

Paragraphe II - Les défis post Kiobel

L'affaire *Kiobel* a fortement influencé les juges des autres circuits et plusieurs jugements rendus dans son sillage tendent désormais à restreindre toutes les opportunités de développement. La décision *Kiobel* souffle donc un puissant vent de découragement sur les victimes et une multitude de voix se sont élevées au niveau des ONG pour dénoncer la décision *Kiobel*, qui ruinerait désormais les espoirs des « *innombrables victimes qui auraient pu bénéficier d'une loi permettant de réclamer justice pour les violations des droits de l'homme restées impunies ailleurs dans le monde* »[220]. Dès lors, les deux idées maîtresses qui se profilent au niveau des cours semblent être celles de

---

[219] T. Collingsworth, *op. cit.*, p. 706. Voir aussi S. A. Edelman et al., « *Defending Actions In The United States Arising From Alleged Foreign-Based Torts* », Rocky Mountain Mineral Law Foundation in the Proceedings of the 57th Annual Rocky Mountain Mineral Law Institute, 2011, p. 13

[220] Amnesty International, « États-Unis, la Cour suprême rend un arrêt sur Shell dans le Delta du Niger », *Communiqué de presse*, en ligne : <https://www.amnesty.org/fr/for-media/press-releases/us-supreme-court-ruling-shell-niger-delta-severely-limits-access-justice-hu> (Site consulté le 4 avril 2015)

l'extraterritorialité tempérée de l'ATCA (A) et celle de la subsidiarité affirmée de la loi bicentenaire (B)[221].

A. L'extraterritorialité tempérée de l'ATCA

La loi américaine de 1789 a suscité et soulève toujours de grands espoirs chez les victimes venant d'autres pays dans lesquels elles ne peuvent pas toujours avoir accès à la justice ou à des réparations effectives et efficaces. Face à ce recul alarmant, les perspectives pour la mise en œuvre du droit d'accès à un recours et du droit à réparation pour les victimes et de la responsabilité des EMN ne semblent guère prometteuses et la doctrine se montre désormais pessimiste quant à un développement exponentiel des recours contre les EMN devant le prétoire américain.

Néanmoins, la matière étant en pleine construction, il faudra s'attendre à d'autres développements pour avoir des précisions sur le profil des requêtes susceptibles de répondre aux critères énoncés dans *Kiobel*. À cet égard, la décision des juges du neuvième circuit du 19 décembre 2013 dans l'affaire *Doe* v. *Nestlé* en appelle à moins de fatalisme[222]. Alors qu'en 2010 le circuit avait statué que : « *The practice of forced labour fields in Mali was not actionable because of defendant's corporate nature* »[223] les juges du district de Californie ont renversé la décision en

---

[221] G. Skinner, R. Mccorquodale, O. De Schutter et A. Lambe affirment que: « indications *are that the vast majority of lower federal courts are applying Kiobel in a sweeping manner, dismissing cases simply because the alleged unlawful acts took place outside the United States.* », *op. cit.*, p. 5

[222] J. Bellinger, « *Undeterred by Kiobel, Ninth Circuit Allows Doe v Nestle ATS Claims to* Continue », Lawfare Institute, 27 décembre 2013, en ligne: <http://www.lawfareblog.com/2013/12/undeterred-by-kiobel-ninth-circuit-allows-doe-v-nestle-ats-claims-to-continue/> (Site consulté le 7 avril 2015)

[223] *Doe I v. Nestle*, 748 F. Supp. 2d 1057, 1083, 1132-45 (C.D. Cal. 2010)

appel en décembre dernier[224]. Ils ont affirmé que les EMN pouvaient encore être tenues responsables dans certains cas en vertu de l'ATCA. Dans cette optique, une autorisation exceptionnelle fut accordée aux requérants afin de leur permettre de modifier leur plainte pour démontrer que la réclamation touche et concerne le territoire des États-Unis avec une force suffisante pour dépasser la présomption contre l'extraterritorialité telle que requise dans l'affaire *Kiobel*[225].

Pour Paul Hoffman, la présomption contre l'extraterritorialité pourrait être réfutée si les violations des droits de l'homme sont commises à l'extérieur des frontières, mais sous la direction des individus ou des entreprises agissant sur le territoire des États-Unis[226]. Concernant le critère du « *touch and concern* » exigé par la Cour dans *Kiobel*, il pourrait être possible que les violations les plus graves du droit international puissent être jugées par les tribunaux américains ou que d'autres af-

---

[224] *Doe v. Nestle*, 10-56739, (U.S. Court of Appeals for the Ninth Circuit 2013)

[225] *Ibid.*, les juges attendent aussi des demandeurs qu'ils démontrent que les allégations de complicité contre les entreprises atteignent le standard de l'*actus reus* requis dans les affaires de complicité, p.5, en ligne, < http://cdn.ca9.uscourts.gov/datastore/opinions/2013/12/19/10-56739.pdf > (Site consulté le 20 mai 2015). De plus, il est important de souligner que le 11 janvier 2016, la Cour Suprême américaine a rejeté la requête des entreprises Nestlé visant à infirmer la décision de la cour d'appel fédérale du neuvième circuit qui autorise les victimes à amender leur requête afin de la conformer autant que possible aux critères exigés dans la décision Kiobel pour démontrer la responsabilité des défendeurs concernant le travail d'enfants pour la récolte du cacao en Côte-d'Ivoire, Voir *Doe V. Nestlé et Al., No. 15-349, Us Court* (2016) et *John Doe I V. Nestle*, Usa, No. 10-56739 (9th Cir. 2015)

[226] P. Hoffman affirme que tous les critères seraient remplis pour appliquer l'ATCA dans un scénario où les défendeurs conspireraient ou agissaient à partir territoire des États-Unis pour assassiner l'ambassadeur d'Israël au Canada par exemple, *op. cit.*, p. 218.

faires viennent préciser les éléments nécessaires pour faire valoir cet argument dans les causes portées en vertu de l'ATCA[227]. Ainsi, la juge de district Shira Scheindlin a rendu une décision démontrant que les contours du contentieux de l'après *Kiobel* devant les cours américaines restent encore imprévisibles, dans une affaire en cours depuis une douzaine d'années[228]. La juge a estimé que la décision *Kiobel* rendue par la Cour Suprême reconnaît implicitement la responsabilité des entreprises en vertu de l'ATCA et permettrait que l'affaire *In re South African Apartheid Litigation* puisse de nouveau être entendue devant le second circuit malgré la suggestion de rejet de la cause par la Cour d'appel du Second Circuit[229].

---

[227] J. Breyer, *concurring*, p. 6

[228] J. Bellinger III et R. Anderson, « *As Kiobel Turns One, Its Effect Remains Unclear* », Institue for Legal Reform,<http://www.instituteforlegalreform.com/uploads/sites/1/Kiobel_Anniversary_Paper_April_29_2014_.pdf> (Site consulté en ligne le 24 mai 2015)

[229] *In re South African Apartheid Litigation,* No. 02 MDL 1499, 2014 WL 4569423 (S.D.N.Y. Apr. 17, 2014), « *The Supreme Court's decision in Kiobel II implicitly overturned the Second Circuit's decision in Kiobel I finding no corporate liability under the ATS.*», p.6, en ligne : < >, (Site consulté le 24 mai 2015). Dans cette affaire introduite en 2002 devant le second circuit à New York, des demandeurs sud africains poursuivaient une vingtaine d'entreprises et de banques pour avoir participé à maintenir le régime de l'apartheid et des violations de nombreux droits de l'homme qui en découlait. Les demandeurs furent déboutés en novembre 2004 avant d'introduire un appel en août 2005. En octobre 2007, la Cour d'appel pour le deuxième Circuit renversa la décision avant de la renvoyer pour de nouvelles délibérations en première instance. La Cour suprême fut saisie en 2008 pour donner un *certiorari*, faute de quorum les juges renvoyèrent la cause devant la Cour d'appel du second circuit. Le 8 avril 2009, la Cour a rejeté le recours contre les entreprises à l'exception de Daimler, Rheinmetal et de trois autres entreprises américaines. En août 2013 à la suite de la décision Kiobel, les juges d'appel ont renvoyé l'affaire en première instance en recommandant que la cause soit rejetée aux motifs de présomption contre l'extraterritorialité au regard de l'affaire Kiobel.

B. La subsidiarité affirmée de l'ATCA

Si la décision *Kiobel* limite l'application de l'ATCA, la porte ouverte pour l'accès des victimes étrangères aux tribunaux américains n'est ni hermétiquement close ni grandement ouverte, puisqu'elle s'applique à une catégorie restreinte de normes internationales[230]. L'affaire *Kiobel* laisse toutefois un sentiment d'inachevé puisque de nombreuses questions demeurent irrésolues. Il n'apparaît toujours pas de position claire sur la question de savoir si l'ATCA s'applique aux EMN et si celles-ci jouissent d'une immunité de responsabilité civile concernant les violations des droits de l'homme. De plus, on ignore toujours quels sont les critères juridiques susceptibles d'être suffisamment forts pour toucher et concerner les États-Unis afin de réfuter la présomption contre l'extraterritorialité pour une application non controversée de l'ATCA.

Par ailleurs, si les prochains recours ne peuvent être dirigés que contre les entreprises américaines, n'y a-t-il pas un risque que ces entreprises soient placées dans une position compétitive désavantageuse par rapport aux entreprises étrangères qui exerceraient leurs activités sans crainte de poursuite ?[231] Benjamin Thompson va même plus loin en affirmant que si le droit international n'impose à l'heure actuelle aucune obligation légale universellement contraignante aux entreprises concernant le respect des droits de l'homme, « a question remains as to

---

En décembre la demande contre les entreprises allemandes Daimler et Rheinmetal fut rejetée, mais en avril 2014 le recours a été autorisé contre les 3 entreprises américaines restantes. Voir *In re South African Apartheid Litig*, No. 02 MDL 1499, 2013 WL 6813877, (26 décembre 2013), *Balintulo v. Daimler AG*, 727 F.3d 174 (2d Cir. 2013)

[230] Les juges sont allés dans le même sens dans l'affaire *Sosa v. Alvarez–Machain*, 542 U.S., para. 729

[231] E. Young, *op. cit.*, p. 59

whether litigation under the ATS can be justified under the moral need for such accountability »[232].

C'est sans doute conscient de l'exégèse qui reste à apporter à ce sujet que le juge Kennedy dans son opinion distincte, mais concordante à la majoritéaffirme que les tribunaux devront probablement davantage étayer le sujet afin que la présomption contre l'application extraterritoriale de l'ATCA soit mise en œuvre de façon adéquate dans les prochaines affaires[233]. Toutefois, la tâche s'annonce ardue puisque la résolution de cette équation est difficile « *in part because of the expansiveness of the phrase any civil action, an in part because Congress has incorporated by reference offenses defined by the law of nations, rather than crystalling in permanent form in minute detail every offense that could arise* »[234]. C'est la raison pour laquelle une réponse au niveau du congrès est préconisée pour que la loi puisse être modifiée afin d'être plus spécifique quant à son champ d'application et à sa portée[235]. Entre lucidité et espoir, le parcours des victimes dans la sphère juridique américaine demeure donc parsemé de beaucoup d'embûches et d'incertitudes devant les tribunaux des États-Unis.

---

232 B. Thompson, « *Was Kiobel Detrimental to Corporate Social Responsibility? Applying Lessons Learnt From American Exceptionalism* », Utrecht Journal of International and European Law, 2014, p. 96

233 J. Kennedy, concurring, p. 1

234 D. Prince, *op. cit.*, p. 65

235 E. Young, *op. cit.*, p. 2

CHAPITRE IV
LES VOIES ALTERNATIVES POUR UN ENCADREMENT AMÉLIORÉ DE LA RESPONSABILITÉ DES MULTINATIONALES

Dans le difficile parcours pour trouver les instances et les lois capables de tenir les EMN responsables pour les violations des droits de l'homme en Afrique, les parties demanderesses doivent se montrer créatives sous d'autres cieux. Pour les fins de cette étude, le concept de voies alternatives fait référence non seulement aux montages juridiques susceptibles d'offrir une base probante à l'encadrement de la responsabilité des EMN, mais également aux initiatives en matière de RSE. Si tous les pays ne disposent pas de lois spéciales à destination des entreprises en matière des droits de l'homme à l'instar des États-Unis, certaines avenues juridiques ont toutefois été empruntées par les victimes ces dernières années en Europe.

Sans pénétrer dans le détail les législations nationales offrant des voies pour mettre en œuvre la responsabilité extraterritoriale des EMN, nous examinerons dans un premier temps les opportunités juridiques susceptibles de tenir les EMN responsables dans leur pays d'origine, notamment en Europe (Section I). Dans un deuxième mouvement, l'étude abordera les limites inhérentes à l'encadrement de la responsabilité EMN devant les juges en Europe, avant de faire écho aux opportunités potentielles et complémentaires offertes par la RSE en Afrique dans l'encadrement de ladite responsabilité pour violations des droits de l'homme (Section II).

Section I - Les opportunités juridiques en Europe

Deux décisions majeures rendues par les juges de deux pays européens seront analysées dans cette section de l'étude. En premier lieu, nous présenterons la responsabilité civile des filiales des entreprises comme base manifeste de l'encadrement de la responsabilité des EMN (§I) avant d'analyser l'obligation de « *duty of care* » ou du devoir de vigilance de la maison mère comme fondement de responsabilité devant le juge et dans les Principes directeurs (§II).

Paragraphe I - La responsabilité civile comme base probante de l'encadrement des obligations juridiques des entreprises multinationales

En droit interne, la responsabilité civile délictuelle peut être engagée si une partie a manqué d'agir avec diligence pour empêcher un tort ou un préjudice à une victime. Pour mettre en cause cette responsabilité civile, trois conditions sont nécessaires soit : l'existence d'une faute volontaire ou involontaire, l'existence d'un dommage et un lien de la causalité entre la faute et le dommage. Il s'agira dès lors d'examiner les déclinaisons de la responsabilité de la filiale en cas de négligence en analysant les faits de l'affaire impliquant la multinationale Shell (A) dont la portée a eu un grand écho au-delà des Pays-Bas (B).

A. La responsabilité de la filiale étrangère en cas de négligence : le cas de Shell aux Pays-Bas

Une étude récente de la jurisprudence aux Pays-Bas permet d'affirmer l'existence d'une ouverture progressive de ce pays pour trancher les litiges à caractère transnational. Un tribunal néerlandais a en effet rendu un jugement important qui démontre les issues envisageables pour tenir les EMN responsables de dommages environnementaux commis à l'étranger[236]. En principe, le système juridique des Pays-Bas offre la possibilité aux victimes étrangères de poursuivre les EMN et leurs filiales basées hors des frontières de l'Union européenne, conformément au vaste mouvement enclenché ces dernières années et qui correspond à l'émergence d'une « *légalité cosmopolite* »[237]. Au cours des dernières années, des juges néerlandais ont démontré une certaine ouverture judiciaire en assouplissant les critères de rattachement permettant d'établir leur compétence aux Pays-Bas dans les affaires présentant des éléments d'extranéité[238]. Les juges néerlandais appliquent d'ailleurs de plus en plus la règle du *forum necessitatis*

---

236 N. Jägers, K. Jesse et J. Verschuuren, « *The Future of Corporate Liability for Extraterritorial Human Rights Abuses: The dutch Case Against Shell* », The American Journal of International Law and Ajil Unbound, 2014, pp. e-36, e-37

237 P. Muchlinski et V. Rouas soutiennent que les échanges juridiques et normatifs au niveau des juridictions contribuent à l'éclosion d'une légalité qui regroupe des règles hétérogènes et d'origine diverse, voir « *Foreign direct-liability Litigation. Toward the Transnationalisation of Corporate Legal Responsibility* », dans L. Blecher, N. Stafford, G. Bellamy, *op. cit.*, pp. 357-371. Malgré cet entrebâillement, l'une des conditions principales pour introduire une requête devant le juge néerlandais est que le lieu de l'introduction du recours soit celui du domicile du défendeur, voir les articles 2 (1) et 60 (1) du Règlement de Bruxelles I précisant que la juridiction compétente est celle de l'État membre où le défendeur a son domicile, *Règlement (CE) n°44/2001 du Conseil du 22 décembre 2000 concernant la compétence judiciaire, la reconnaissance et l'exécution des décisions en matière civile et commerciale*, JO L 12, 16.1.2001, en ligne : <http://eur-lex.europa.eu/legal-content/FR/ALL/?uri=CELEX:32001R0044> (Site consulté le 5 juin 2015)

238 Voir dans ce sens l'affaire *El-Hojouj v. Unnamed Libyan Officials*, dans laquelle les tribunaux néerlandais ont reconnu leur compétence pour trancher le recours intenté contre des officiers libyens par un docteur palestinien, dont le lieu de résidence était inconnu et les liens avec les Pays-Bas très limités, Arrondissementsrechtbank Den Haag, Case No. 400882/HA ZA 11-2252 (ECLI:NL:RBSGR:2012:BV9748), 21 Mars 2012

pour justifier l'exercice de leur compétence dans les affaires ne présentant pas de connexion avec l'ordre juridique néerlandais[239].

L'affaire qui nous intéresse ici fut introduite en 2008 devant le tribunal du district de La Haye contre Shell par quatre pêcheurs et agriculteurs nigérians[240]. En effet, depuis plus de 50 ans, la vague de libéralisation et de mondialisation économique a attiré beaucoup d'investisseurs au Nigéria, premier producteur de pétrole en Afrique subsaharienne et huitième exportateur mondial[241]. Cette exploitation extrêmement polluante a maintes fois été dénoncée par les victimes sans toutefois qu'elles ne réussissent à intenter avec succès des recours devant les tribu-

---

239 P. Muchlinski et V. Rouas, *op. cit.*, p. 383, N. Jägers, K. Jesse, J. Verschuuren., *op. cit.*, p.e-39. Le *forum necessitatis* ou le forum de nécessité est une règle appliquée pour permettre l'accès aux tribunaux indépendamment du lieu des dommages ou de la nationalité des victimes, lorsque les juges estiment que suivant certaines circonstances exceptionnelles les victimes n'auront pas de possibilité de trouver justice si l'affaire n'est pas tranchée par leur for. Rarement appliquée dans la pratique, elle dispose d'un fort potentiel pour la mise en œuvre de la responsabilité directe étrangère. Pour une étude détaillée sur la question, voir C. Nwapi, « *Jurisdiction by Necessity and the Regulation of the Transnational Corporate Actor* », Utrecht Journal of international and European Law, 2014, p. 24

240 Dooh & Milieudefensie v. Royal Dutch Shell & Shell Petroleum Development Company of Nigeria Ltd, LJN : BY9845, Rechtbank's-Grave, C/09/337058 / HA ZA 09-1581 (2013), Oguru & Milieudefensie v. Royal Dutch Shell & Shell Petroleum Development Company of Nigeria Ltd, LJN : BY9850, Rechtbank's-Grave, C/09/330891 / HA ZA 09-0579 (2013), Akpan v. Royal Dutch Shell PLC, LJN: BY9854 Rechtbank's-Grave, C/09/337050/HA ZA 09-1580 (2013), jugements disponibles sur le site des Amis de la Terre, en ligne : <https://milieudefensie.nl/english/shell/oil-leaks/courtcase/press/documents/documents-on-the-shell-legal-case> (Site consulté le 12 juin 2016).

241 Encyclopedie Universalis, Nigéria, L'économie du Nigéria, en ligne : <http://www.universalis.fr/encyclopedie/nigeria/6-l-economie-nigeriane/> (consulté le 2 avril 2013).

naux nigérians contre les entreprises pétrolières actives à travers le pays. Parmi celles-ci, la filiale nigériane Shell Petroleum Development Company (SPDC) a plusieurs fois été critiquée pour les nombreux déversements de pétrole causés par un contrôle et une maintenance inadéquate des infrastructures pétrolières de l'opérateur. Entre 2004 et 2006, des déversements ont eu lieu dans les villages d'Oruma, de Goi et d'Ikot Ada Udo, provoquant la contamination des terres, des sources d'eau potable, des étangs de poissons et le déplacement de nombreux villageois privés de leurs moyens de subsistance. Bien que la SPDC ait mis en œuvre des mesures de dépollution, des rapports ont clairement démontré que celles-ci étaient insuffisantes et non conformes aux normes en vigueur au regard de l'importance des dégâts environnementaux[242].

Face à l'inertie, à la paralysie judiciaire et au verrouillage institutionnel au Nigéria, des victimes nigérianes ont intenté un recours en indemnisation aux Pays-Bas puisque l'entreprise y a son siège social[243]. Des poursuites civiles

[242] Un rapport accablant du Programme des Nations Unies pour l'environnement datant de 2011 illustre parfaitement les nombreuses défaillances dans la gestion des déversements par Shell. Par exemple, les opérations de dépollutions ont commencé dans ces localités plusieurs mois après les déversements, alors que les directives et normes environnementales pour l'industrie pétrolière prévoient que le nettoyage doit être assuré dans les 24 heures suivant les déversements, voir UNEP, « *L'étude du PNUE sur les impacts de l'exploitation pétrolière en pays Ogoni révèle l'étendue de la contamination environnementale et les risques pour la santé humaine*, document du 4 août 2011 consultable en ligne : <http://www.unep.org/newscentre /default.aspx?DocumentID=2649&ArticleID=8827&l=fr> (Site consulté le 2 avril 2016).

[243] La compagnie Shell constituée en vertu du droit anglais est basée à Londres et son siège social se trouve à La Haye aux Pays-Bas. Royal Dutch Petroleum Company et Shell Transport and Trading Company se sont unifiées depuis 2005 sous le nom de Royal Dutch Shell plc, Shell.com, Shell at a Glance, en ligne < http://www.shell.com /global/aboutshell/at-a-glance.html> (Site consulté le 1 avril 2016).

ont donc été entamées en 2008 par les victimes et l'association de défense de l'environnement, les Amis de la Terre (Milieudefensie) basée aux Pays-Bas, devant les juges néerlandais. Les victimes accusaient la SPDC et la maison mère Royal Dutch Shell Plc. (RDS) respectivement d'être responsable des déversements des fuites d'hydrocarbure, et pour la maison mère, d'avoir négligé de prendre des mesures appropriées pour que la SPDC empêche et contrôle efficacement la pollution environnementale dans leurs villages au Nigéria[244]. La SPDC de son côté affirmait que le déversement était consécutif aux sabotages de ses installations dans la région, un problème familier au contexte nigérian. Le 30 décembre 2009, le tribunal de District de La Haye s'est déclaré compétent pour trancher sur le recours en accordant ainsi le droit aux requérants de poursuivre conjointement la Société mère et sa filiale nigériane[245].

B. La portée de l'affaire Shell dans l'encadrement de la responsabilité des entreprises multinationales

En janvier 2013, les juges néerlandais se sont prononcés dans une décision historique en condamnant la filiale

---

244 *Akpan v. Royal Dutch Shell PLC*, LJN: BY9854 Rechtbank's-Grave, C/09/337050/HA ZA 09-1580 (2013) Traduction de l'affaire sur le site de Milieudefensie,en ligne < http://www.milieudefensie.nl/english/shell/oil-leaks/courtcase/press/documents/documents-on-the-shell-legal-case > (Site consulté le 10 juin 2016), §3.2.

245 Les juges ont affirmé que bien que les opérations de Shell au Nigeria n'aient aucune connexion directe avec les Pays-Bas, en se basant sur l'article 7 du Code de procédure civile, il était possible de faire une audience conjointe, puisque selon eux la plainte reposait sur le même fondement juridique. Le tribunal a d'ailleurs affirmé que sa compétence ne cessait pas d'exister pour juger les autres plaintes contre la SPDC ne présentant pas un lien de connexion fort avec la juridiction, ceci quand bien même les plaintes contre la maison mère (la RDS) étaient rejetées. *Akpan v. Royal Dutch Shell* §4.6.

de Shell au Nigeria à verser des indemnités à l'un des demandeurs en se fondant sur l'obligation de diligence dans l'un des cinq recours présentés et en rejetant les accusations contre la RDS[246]. Le recours qui a connu une issue favorable pour le demandeur avait été intenté par Friday Alfred Akpan, un agriculteur et pêcheur nigérian qui réclamait une compensation en raison du déversement du pétrole ayant causé la contamination du sol et des étangs de poissons entre 2006 et 2007 dans le village d'Ikot Ada Udo[247]. Les juges ont utilisé la législation néerlandaise encadrant les conflits des lois pour déterminer que la loi nigériane (loi de la juridiction où les dommages se sont produits) était applicable au litige[248]. Le droit nigérian étant basé sur le système de la *Common Law*, les juges se sont référés à de nombreuses décisions anglaises pour appuyer leur raisonnement[249]. Ils ont également fait référence à la loi nigériane ayant partiellement codifié la responsabilité des opérateurs pour les dommages résultant de

---

[246] Pour les quatre autres cas voir *Dooh & Milieudefensie v. Royal Dutch Shell & Shell Petroleum Development Company of Nigeria Ltd*, LJN : BY9845, Rechtbank's-Grave, C/09/337058 / HA ZA 09-1581 (2013), *Oguru & Milieudefensie v. Royal Dutch Shell & Shell Petroleum Development Company of Nigeria Ltd*, LJN : BY9850, Rechtbank's-Grave, C/09/330891 / HA ZA 09-0579 (2013), Jugements disponibles sur le site de milieu Milieudefensie en ligne : <https://milieudefensie.nl/english/shell/oil-leaks/courtcase/press/documents/documents-on-the-shell-legal-case> (Site consulté le 12 juin 2016)

[247] *Akpan v. Royal Dutch Shell*, *op. cit.*

[248] Il faut préciser que le *règlement de Rome II sur la loi applicable aux obligations non contractuelles* adopté en 2007 s'applique aux dommages survenus après le 11 janvier 2009 (voir les articles 1 et 32). Or l'affaire présentée devant la cour de district des Pays-Bas concernait des faits qui se sont déroulés entre 2004 et 2007

[249] *Akpan v. Royal Dutch Shell*, §4.22

déversements d'hydrocarbures[250]. Le tribunal a ainsi déterminé que M. Akpan jouissait d'un droit d'action en tant que propriétaire légitime des terres et des étangs de poissons contaminés en se référant à l'affaire *Mogaji Ors.Export Ltd v. Cadbury Fry*[251]. M. Akpan soutenait que la SPDC avait commis un délit de négligence en abandonnant le puits d'exploitation d'hydrocarbure IBIBIO-I sans prendre des mesures pour le sécuriser. Par ailleurs, selon le requérant, la SPDC n'avait pas nettoyé ni en totalité ni de manière adéquate les déversements de pétrole qui ont par la suite pollué les terres et les étangs entre 2006 et 2007 près d'Ikot Ada Udo[252]. De plus, la RDS avait failli à son obligation d'inciter sa filiale à répondre de façon efficace aux déversements en s'assurant que la SPDC avait suffisamment de ressources financières et l'expertise technique nécessaire pour le faire[253].

Conformément à la loi nigériane applicable, en principe une compagnie pétrolière n'est pas responsable des déversements d'hydrocarbures causés par le sabotage[254]. Toutefois, les juges ont estimé en s'appuyant sur la décision de la Chambre des Lords britannique dans l'arrêt *Donoghue*

---

[250] Loi sur les oléoducs nigériane 1956, Nigerian Legislation, Oil Pipelines Act (OPA), Chapter 338, en ligne : <http://www.commonlii.org/ng/legis/num_act/opa150/> (consulté le 4 avril 2015)

[251] Shell contestait le droit d'action d'Akpan en se basant sur le principe de la *Common Law* nigériane selon lequel la terre et les étangs de poissons dans les zones rurales sont détenus conjointement par toute la communauté locale. Les juges ont rejeté cet argument en se basant sur la décision de la Cour Suprême du Nigeria, *Mogaji Ors.Export Ltd v Cadbury Fry*, (1972) LPELR-SC.284/1969, selon laquelle le fait qu'une personne cultive et mette en valeur les terres agricoles constitue une preuve suffisante pour déterminer qu'elle la possède. *Akpan v. Royal Dutch Shell*, §4.17

[252] *Akpan v. Royal Dutch Shell*, §3.2

[253] *Ibid.*

[254] *Ibid.*, §4.36, OPA, Section 11 (5) (c).

v. Stevenson[255] que le délit de négligence est commis dans le cas où le défendeur a manqué à une obligation de diligence qui a causé des dommages au demandeur. En vertu du droit nigérian, l'obligation de diligence est déterminée sur la base de trois critères tirés de l'affaire *Caparo Industries Plc v. Dickman*[256]. Le premier élément est la prévisibilité pour le défendeur que le demandeur subira un préjudice ; le second est la proximité entre le demandeur et le défendeur ; et le troisième élément consiste à déterminer s'il est juste, équitable et raisonnable de supposer que le devoir de diligence existe dans une situation spécifique[257].

En règle générale, la *Common Law* nigériane ne reconnait pas une obligation générale de diligence pour éviter aux parties de souffrir des dommages résultant de la pratique d'une troisième partie. Cependant, le tribunal a relevé que la décision *Smith v Littlewoods* créait des exceptions à la règle[258]. Les juges néerlandais ont ainsi estimé que la condition de prévisibilité a été satisfaite, en se réfé-

---

[255] *House of Lords, Donoghue v. Stevenson*, AC 562 (1932) *Akpan v. Royal Dutch Shell*, § 4.23

[256] *House of Lords, Caparo Industries Plc. v. Dickman*, 2 AC 605 (1990) *Akpan v. Royal Dutch Shell*, § 4.23

[257] *Akpan v. Royal Dutch Shell*, § 4.22-23. La jurisprudence du Nigeria se base sur ces trois critères pour déterminer l'obligation de diligence. Rappelons que les juges utilisent une approche dite progressive puisque l'obligation est déterminée au cas par cas, car les systèmes juridiques fondés sur la *Common Law* ne reconnaissent pas une classification générique pour les délits issus de la responsabilité délictuelle.

[258] *House of Lords, Smith v. Littlewoods Organisation Ltd AC 241*, (1987) Les exceptions sont notamment qu'une relation spéciale ait été créée entre le demandeur et le défendeur parce que le défendeur a assumé une obligation de diligence envers le demandeur ou s'il y avait une relation spéciale entre le défendeur et le tiers sur la base de laquelle le défendeur a eu à superviser le tiers ou a dû exercer un contrôle sur le tiers. La règle peut aussi être contournée si le défendeur a créé une situation dangereuse ou si le défendeur savait qu'un tiers avait créé une situation dangereuse alors que cette situation était sous l'influence de celui-ci, *Akpan v. Royal Dutch Shell*, §4.24

rant aux conclusions de l'affaire *SPDC v. Otoko*[259] rendue en 1990 par les juges nigérians, sur la question de la responsabilité en cas de sabotage[260]. Le sabotage des oléoducs et des installations pétrolières étant monnaie courante au Nigeria, il était donc prévisible que le puits Ibibio-I en soit également l'objet puisque les vannes étaient hors du sol et facilement accessibles aux saboteurs[261]. Le tribunal a par ailleurs estimé que l'exigence de proximité était remplie compte tenu du fait que les personnes vivant dans le voisinage comme Akpan ainsi que leurs terres et leurs étangs étaient soumis à des risques importants en raison des conséquences possibles d'un éventuel sabotage du puits[262]. Finalement, les juges ont aussi estimé qu'il était juste, équitable et raisonnable d'affirmer qu'en l'espèce, la SPDC avait un devoir spécifique de diligence qu'elle aurait pu respecter en écartant le risque de dommages écologiques consécutifs aux sabotages par un scellage du puits à l'aide d'un bouchon de béton tel qu'effectué en 2010, après le début des procédures judiciaires en cause à La Haye[263].

Le tribunal de district est ainsi parvenu à la conclusion qu'il existait un lien de causalité entre la violation de cette obligation spécifique de diligence par la SPDC et le dommage déclaré de M. Akpan. Cette décision n'engage toutefois pas la responsabilité directe de la filiale de Shell pour

---

[259] *SPDC v. Chief Graham Otoko and five other*s [1990] 6 NWLR (Part 159), Akpan v. Royal Dutch Shell, § 4.41

[260] *Akpan v. Royal Dutch Shell, « where the immediate cause of the [oil spill] is [sabotage], the [operator] is not liable, unless [the operator] (...) should have foreseen the sabotage and should have taken measures against this.* » §4. 41

[261] *Ibid.*, §4.42, Quelques tours de clé à molette suffisaient à ouvrir la tête du puits, contrairement aux autres affaires où les saboteurs devaient utiliser des perceuses ou des scies.

[262] *Ibid.*, §4.43

[263] *Ibid.*, §4.44

les fuites pétrolières au Nigéria[264], mais confirme plutôt que la filiale a commis un délit de négligence, en omettant de prendre des mesures préventives contre le déversement de pétrole par l'altération de ses oléoducs[265]. Cette négligence oblige donc la SPDC conformément à la *Loi sur les oléoducs,* à verser une indemnité dont le montant sera déterminé dans une procédure distincte pour l'évaluation des dommages-intérêts que la SPDC devra verser à M. Akpan[266]. Bien que les trois autres recours contre la SPDC aient été rejetés[267], cette victoire quoique modeste indique que même sans engager leur responsabilité directe, les entreprises doivent prendre des mesures de prudence non seulement lorsqu'elles procèdent à leurs installations, mais aussi pour assurer l'entretien de leurs équipements dans

---

264 La SPDC n'est pas responsable des déversements pétroliers ou pour le mauvais nettoyage des fuites. OPA, Section 11 (5) (c), *Akpan v. Royal Dutch Shell,* §4.36, 40. Elle n'est responsable que des fuites causées par des installations inadéquates ou défectueuses et d'avoir négligé de prendre des mesures qui auraient pu empêcher les déversements et par ricochet la contamination des étangs. §4.47, 4.48, § 4.56 « *SPDC cannot be blamed for any active conduct but for negligence* ».

265 Amnesty International, « *L'affaire Shell montre qu'il est possible d'obtenir justice* », Communiqués de presse, Pays-Bas, 30 janvier 2013, PRE01/050/2013

266 OPA, Section 11 (5) (b), « *[The operator shall pay compensation] to any person suffering damage by reason of any neglect on the part of [the operator] or his agents, servants or workmen to protect, maintain or repair any work structure or thing executed under the license, for any such damage not otherwise made good* », *Akpan v. Royal Dutch Shell*, §4.38,46, § 5.1

267 Selon les juges, la SPDC à ce stade n'a donc commis aucun délit de négligence dans les régions d'Oguru, Efanga et Goi puisqu'il était raisonnablement impossible de prévoir les sabotages. Un appel a été intenté par MilieuDefenzie et deux villages dont le recours a été rejeté, Goi and Oruma contre Shell et dans l'affaire Akpan contre la maison mère, 1er mai 2013, en ligne : <https://milieudefensie.nl /english/shell/oil leaks/courtcase/press> (Site consulté le 12 juin 2016).

les pays où elles mènent leurs activités. Dans un contexte judiciaire généralement défavorable pour les victimes, cette décision apporte un élan d'espoir concernant la protection des victimes, d'autant plus que le tribunal a confirmé sa compétence en affirmant que l'obstacle du *forum non conveniens* n'avait plus aucun rôle à jouer en droit international privé aujourd'hui[268].

Bien que les recours contre la maison mère aient été rejetés aux Pays-Bas, le 18 décembre 2015, les juges de la Cour d'appel de La Haye ont renversé le jugement de 2013 et se sont prononcés sur deux points importants. Ils ont reconnu et affirmé pour la première fois depuis le début du litige la compétence des tribunaux néerlandais pour juger la maison mère concernant les plaintes à l'encontre de sa filiale nigériane. Dans un deuxième temps, ils ont ordonné à Shell de mettre à la disposition des victimes des documents internes de Shell afin de permettre aux victimes de démontrer la responsabilité de la maison mère et son implication dans les activités de sa filiale au Nigeria[269].

Sous d'autres cieux, le vent a aussi été favorable pour des victimes recherchant des instances judiciaires qui pou-

---

[268] *Akpan v. Royal Dutch Shell*, § 4.6. La décision est d'autant plus historique qu'à ce jour, la jurisprudence nigériane n'a pas de précédent juridique dans lequel un opérateur comme la SPDC a été condamné sur la base d'un délit de négligence et de l'obligation de diligence pour les dommages résultant d'un déversement de pétrole dus aux sabotages, *Akpan* § 4.40.

[269] Le jugement au fond de l'affaire en 2016 pourrait donc marquer un tournant majeur pour les victimes si la maison mère de Shell venait à être condamnée aux Pays-Bas. Voir à cet effet les décisions *A.F. Akpan v. Royal Dutch Shell, plc E. Dooh v. Royal Dutch Shell, plc F.A. Oguru v. Royal Dutch Shell plc* publiées sur le site de la Cour d'appel le 18 décembre 2015, en ligne :<https://www.rechtspraak.nl/Organisatie-en-contact/Organisatie/Gerechtshoven/Gerechtshof-Den-Haag/Nieuws/Paginas/Dutch-Courts-have-jurisdiction-in-case-against-Shell-Nigeria-oil-spills.aspx> (Site consulté le 1er février 2016).

vaient tenir une EMN responsable pour des atteintes graves aux droits de l'homme.

Paragraphe II - L'obligation du « duty of care » de la maison mère

En *Common Law*, la faute involontaire peut résulter d'un manquement au *duty of care*, traduit comme une obligation légale de vigilance, de prévoyance et de prudence qui consiste à éviter de poser des actes ou des omissions pouvant être de nature à causer un préjudice à l'autre[270]. Elle peut aussi résulter de la négligence de l'auteur, ce qui équivaut à un comportement déraisonnable susceptible de causer un tort et qui résulte du défaut d'agir avec diligence raisonnable[271]. En étendant cette approche, des liens peuvent être aisément faits à ce niveau entre le principe de diligence et la responsabilité civile. En mettant en lumière ces combinaisons alternatives, on présentera dans quelle mesure le devoir de vigilance ou l'obligation de diligence a permis aux victimes présumées de l'entreprise d'avoir un droit de recours devant les juges anglais (A). On mettra finalement en lumière les modalités de déclinaison de l'obligation de diligence à travers les Principes directeurs récemment adoptés par l'ONU (B).

---

[270] Comme R. H. Mankiewicz l'énonçait déjà, il reste difficile de rendre dans la traduction française de la notion du *duty of care*. « *Cette expression se précise lorsqu'on envisage le fait qui constitue la violation de ce devoir. Il se ramène, en effet, à un « manque de soin* », in « *La responsabilité du fabricant à l'égard de l'usager ou consommateur de ses produits, d'après le Common Law canadien* », Revue internationale de droit comparé, 1956, p. 241.

[271] O. De Schutter, A. Ramasastry, M. B. Taylor et R. C. Thompson, *op. cit.*, p. 18

A. L'obligation de diligence pour la maison mère en cas de violation des droits de l'homme : le cas de Shell devant les juges anglais

L'application de l'obligation de diligence pour les maisons mères des entreprises n'est pas chose nouvelle devant certains prétoires européens comme en Angleterre où la pratique est relativement développée[272]. Bien souvent en effet, les juges anglais ont rejeté l'argument du *forum non conveniens* dans plusieurs affaires aux motifs que les victimes ne recevraient pas une aide juridictionnelle appropriée dans leur pays d'origine[273]. Dans l'affaire *Lubbe v. Cape plc*[274] par exemple, les juges anglais ont affirmé leur compétence dans un recours introduit par des travailleurs sud-africains qui accusaient la société mère (qui n'avait à l'époque plus aucun lien avec l'Afrique du Sud) d'avoir failli à son obligation de diligence en ne prenant aucune mesure de sécurité et d'hygiène pour empêcher que les conditions de travail ne les exposent à la contamination de l'amiante. L'affaire a été résolue en 2001 par le versement d'une compensation par l'entreprise.

Dans un registre similaire, une autre affaire a également retenu l'attention des juges anglais concernant ce type de violation. En 2006, environ 30 000 victimes du déversement des déchets toxiques par un navire pétrolier en Côte d'Ivoire ont engagé une action civile contre Trafigura en Angleterre. En septembre 2009, la Haute Cour d'Angleterre a approuvé un accord entre les parties prévoyant le versement de 30 millions de livres (45 millions de dollars) en indemnités. Le responsable controversé du groupe de la Coordination nationale des victimes de dé-

---

[272] Voir par exemple *Lubbe v. Cape plc,* 4 All ER 268 (HL).

[273] Voir affaires *Connelly v. RTZ*, [1999] AC 854; *Sithole v. Thor Chemical*, EWCA Civ.706 ; *Lubbe v. Cape P.L.C.*, [2000] 4 All ER 268 (HL), 2000

[274] 4 All ER 268 (HL), 2000

chets toxiques de Côte d'Ivoire (CNVDT-CI) a été mandaté en janvier 2010 par la Cour d'appel d'Abidjan pour établir les modalités de distribution des fonds. L'indemnisation des victimes a débuté en mars 2010, mais de nombreuses critiques ont été avancées sur les modalités du partage et aucun bilan clair n'a été donné sur les montants réels reçus par les victimes[275]. Bien qu'elle n'ait pas abouti sur la condamnation devant les tribunaux, la pression juridique par la poursuite de la maison mère et les pressions médiatiques autour de l'affaire ont certainement contribué à favoriser les arrangements *ex gratia*. Il apparaît donc clair que les entreprises ne peuvent pas se dédouaner des agissements de leurs filiales et qu'il existe bien une obligation de vigilance qui est d'ailleurs aussi prescrite par les Principes directeurs de l'ONU.

B. Le devoir de diligence ou l'obligation de vigilance à la lumière des Principes directeurs

La diligence raisonnable est une composante essentielle dans le respect des droits de l'homme et elle est définie comme une mesure de prudence, d'action, d'assiduité qui, mise en œuvre dans des circonstances particulières, permet de minimiser les atteintes aux droits fondamentaux[276]. Pour mettre en œuvre la diligence raisonnable, l'entreprise doit procéder à une évaluation des incidences potentielles, faire le suivi de celles-ci afin de démontrer l'engagement de l'entreprise pour identifier et prévenir les incidences négatives sur les droits de l'homme. Elle occupe une place de choix au rang des procédures visant à garantir le respect de l'homme. L'entreprise doit de ce fait procéder à une

---

[275] Voir Business & Human Rights Ressource Center, *Résumé du procès Trafigura (Côte d'Ivoire)*, en ligne : <http://www.batelierss-humanrights.org/Documents/TrafiguraprofileFrench> (Site consulté le 17 juin 2016)

[276] Principes directeurs de l'ONU, principe 17

évaluation des incidences potentielles et faire le suivi de celles-ci afin de démontrer l'engagement de l'entreprise pour identifier et prévenir les incidences négatives sur les droits de l'homme. La diligence des EMN doit ainsi s'exercer de façon permanente par une procédure de gestion continue puisque les risques peuvent varier et évoluer dans le temps aussi bien qu'en fonction des activités et de leur cadre de fonctionnement.

Par ailleurs, il faut préciser que l'obligation de diligence doit continuer de s'exercer même dans les zones touchées par le conflit. En l'occurrence, les Principes directeurs de l'ONU énoncent que la diligence attendue des EMN doit s'exercer en permanence par une procédure de gestion continue dans la mesure où les risques peuvent varier et évoluer dans le temps et en fonction des activités et du cadre de fonctionnement des EMN. De plus, l'exercice de la diligence raisonnable doit s'exécuter à travers des processus d'évaluation des incidences sur les droits de l'homme pouvant être incorporés en œuvre à travers des modalités définies dans les principes 18 à 21 par des processus d'évaluations de risques et des études d'impact environnemental et social qui incluent des points de référence aux droits de l'homme reconnus internationalement. Les entreprises doivent évaluer les risques relatifs aux droits de l'homme en identifiant les incidences négatives effectives ou potentielles sur les droits de l'homme par le biais de leurs propres activités ou de leurs relations commerciales. En outre, les entreprises peuvent également recourir à des compétences internes ou externes indépendantes afin d'évaluer les incidences potentielles dans le domaine des droits de l'homme, tout en procédant à des consultations avec des groupes et d'autres acteurs concernés susceptibles d'être touchés par la nature du cadre des activités des EMN. De plus, les EMN sont également appelées à remédier aux incidences négatives sur les droits de l'homme, en contrôlant de près l'efficacité des mesures prises. Ces contrôles doivent se fonder sur des indicateurs qualitatifs et quantitatifs et s'appuyer sur les appréciations de sources internes et externes ainsi que des acteurs concernés. Toutefois, les entreprises qui exercent la diligence raisonnable ne sont pas pour autant automatiquement exonérées de toute responsabilité en cas d'atteintes avérées aux droits de l'homme[277].

Finalement, le constat qui se dégage est que l'obligation de diligence peut effectivement offrir une base raisonnable pour que les EMN soient tenus responsables de leurs agissements en matière de droits de l'homme. Néanmoins, quelques obstacles demeurent dans la mise en application de ces règles et principes ambitieux.

Section II - Les limites des recours juridiques et les potentialités de la Responsabilité Sociale des Entreprises en Afrique

À maints égards, les recours dans les pays d'origine des EMN présentent des avantages tel que nous l'avons présenté dans la première section. Toutefois, il ne faut pas ignorer les obstacles qui s'y attachent. Dans cette logique, nous analyserons les défis liés à la consécration de la responsabilité des EMN devant les juges européens (§I) avant d'examiner dans quelle mesure la RSE peut servir de base complémentaire pour une prise en compte efficace des violations des droits de l'homme en Afrique (§II).

[277] Principes directeurs ONU, Commentaire Principe 17, p.22. Par ailleurs, il faut également souligner que d'autres documents consacrent aussi l'importance de la diligence raisonnable dans l'exercice des activités des EMN, notamment les *Principes volontaires sur la sécurité et les droits de l'homme*, les *Principes directeurs de l'OCDE*, le Pacte Global, les normes en matière de RSE par exemple, ISO 26000 ou les codes de conduite volontaire.

Paragraphe I - Les défis propres à l'établissement de la responsabilité des entreprises multinationales devant les juges en Europe

D'entrée de jeu, il faut signaler que les obstacles qui se dressent dans la mise en œuvre devant les juges étrangers sont de plusieurs natures. On mettra en exergue ici les lacunes procédurales (A) avant de mettre en évidence les obstacles extrajudiciaires dans l'édification de la responsabilité des EMN dans les cas spécifiques de violations des droits de l'homme en Afrique (B).

A. Les lacunes procédurales pour la mise en œuvre de la responsabilité des entreprises multinationales

La première difficulté pour les juges consiste à déterminer qu'une entreprise n'a pas été suffisamment diligente. Il n'existe pas de jurisprudence suffisamment claire pour déterminer si le *duty of care* existe dans les cas de violations des droits de l'homme qui nous préoccupent et quels sont les critères pour déterminer que la diligence raisonnable a été ou non exercée pour permettre de qualifier les agissements de l'entreprise de raisonnables. D'autres questions sous-jacentes à cette interrogation sont bien résumées sous la plume de Peter Muschlinski en ces termes : « *Finally, the question whether different human rights risks should be treated differently needs to be considered. For example, do human rights relating to labour lend themselves to the same general concerns for corporate due diligence as do human rights relating to property or to other human rights? [...] It is clear that the duty of care for human rights abuses needs some further development* »[278].

[278] P. Muchlinski, *op. cit.*, p.161et 162

Un autre obstacle auquel les victimes peuvent se heurter pour établir l'obligation de diligence devant les tribunaux se situe au niveau de la recherche des preuves juridiques nécessaires pour démontrer que la maison mère a manqué à son *duty of care* ou qu'elle a été négligente. À cet égard, dans l'affaire Shell aux Pays-Bas, les règles néerlandaises d'administration de la preuve dans les procédures civiles étant assez restrictives[279], le tribunal a rejeté la requête des demandeurs d'imposer à Shell d'autoriser l'accès aux documents internes de l'entreprise. Il a ainsi été très difficile pour *Milieudefensie* de prouver que la RDS, bien que détenant 100 % des actions de SPDC, exerçait un contrôle dans la gestion des affaires quotidiennes de la filiale nigériane[280]. À la suite de la décision du 30 janvier 2013, les demandeurs ont déposé une nouvelle demande auprès de la Cour d'appel pour obliger Shell à fournir des documents concernant les politiques internes et les pratiques opérationnelles du groupe Shell[281]. Ultimement, l'obstacle procédural par excellence qu'est le *forum non conveniens* fait toujours courir aux victimes le risque de déni de justice autant dans les pays d'accueil que dans les pays d'origine des EMN. Si au niveau européen

---

[279] L. F.H. Enneking, « *Multinationals and Transparency in Foreign Direct Liability Cases. The Prospects for Obtaining Evidence under the Dutch Civil Procedural Regime on the Production of Exhibits* », Dovenschmidt Quarterly Journal, 2013, p. 137

[280] Selon les juges, la RDS et la SPDC ne gèrent pas essentiellement les mêmes affaires parce que la RDS formule les lignes de politique générale de La Haye et est impliquée dans la stratégie mondiale et la gestion des risques, tandis que la SPDC est impliquée dans la production de pétrole au Nigeria. *Akpan v. Shell*, § 4 31.

[281] Milieudefensie, « *Nieuw bewijs voor betrokkenheid Shell Nederland bij misstanden Nigeria* », 10 September 2013, en ligne : <https://milieudefensie.nl/oliewinning/nieuws/nieuw-bewijs-voor-betrokkenheid-shell-nederland-bij-misstanden-nigeria> (Site consulté le 14 juin 2015)

des ouvertures sont consenties par certains fors[282] aux États-Unis et au Canada[283] des évolutions lentes se font sur le terrain. Par ailleurs, la structure complexe des entreprises et le principe du droit des sociétés de la responsabilité limitée rendent difficile la mise en cause de la société mère pour les violations des droits de l'homme de ses filiales implantées à l'étranger. Les EMN n'hésitent d'ailleurs pas à profiter et à manipuler les principes du droit des sociétés pour bonifier leurs intérêts, alors que les

---

[282] En Angleterre par exemple, les juges ont rejeté l'argument du *forum non conveniens* dans plusieurs affaires aux motifs que les victimes ne recevraient pas une aide juridictionnelle appropriée dans leur pays d'origine, voir affaires *Connelly v. RTZ*, [1999] AC 854 ; *Sithole v. Thor Chemical*, EWCA Civ.706 ; *Lubbe v. Cape P.L.C.*, [2000] 4 All ER 268 (HL), 2000

[283] Il semble se dégager une certaine tendance par les juges canadiens à rejeter presque systématiquement les recours intentés par des victimes étrangères contre les entreprises canadiennes pour des faits survenus à l'étranger sur la base du *forum non conveniens* ou en rejetant l'argument du *forum necessitas* ou de la compétence internationale. Voir les affaires *Recherches Internationales Québec* c. *Cambior inc,* J.E. 98-1905, [1998] Q.J. 2544 (C.S.), *Bil'In (Village Council)* c. *Green Park International,* [2009] QCCS 4151. Pour un cas de violation en Afrique, voir l'affaire *Association canadienne contre l'impunité (ACCI) c. Anvil Mining Ltd.*, 2011 QCCS 1966, dans laquelle une société minière canadienne exploitant une mine de cuivre et d'argent à Dikulushi au Congo est accusée d'avoir apporté une aide logistique aux forces armées ayant massacré près d'une centaine de civils. Les recours ont successivement été intentés en RDC, en Australie, puis au Québec en octobre 2010, mais les juges québécois ont finalement rejeté leur compétence aux motifs de l'insuffisance des critères de rattachement avec le Québec. Pour une étude détaillée de la question, A. Manirabona, « *La responsabilité civile des entreprises pour complicité aux violations des droits de l'homme à l'étranger : au-delà de l'exception du forum non conveniens en droit québécois* », Journal européen des droits de l'homme, 2013, pp. 434-457 et M. Cournier, *Sociétés minières canadiennes et violations des droits de l'homme à l'étranger : le Canada respecte-t-il les prescriptions internationales en la matière ?*, Mémoire, Montréal, Faculté des études supérieures, Université de Montréal, 2013, pp. 122-130

juges de leur côté ont une réaction inadaptée face à ces nouveaux enjeux[284].

Afin de surmonter l'obstacle pour l'établissement de la preuve, certains auteurs proposent la création d'une présomption juridique du manquement à une obligation de diligence dans les cas où l'entreprise est accusée de violations des droits de l'homme[285]. La nécessité d'un tel mécanisme se justifierait au regard de la difficulté d'obtention des informations par la voie traditionnelle pour la transmission des preuves indispensables visant à démontrer la responsabilité des EMN pour des faits survenus à l'étranger.

En outre, l'application des règles juridiques encadrant la responsabilité délictuelle dans l'État d'accueil, si elles ne protègent pas suffisamment les droits de l'homme, peut se révéler être une pierre d'achoppement pour établir l'obligation de diligence devant les tribunaux de l'État d'origine des EMN[286]. Dans l'affaire Shell aux Pays Bas par exemple, les juges ont estimé que le délit de négligence impliquant des tiers ne constituait pas une violation

---

[284] A. Magaisa, « *Corporate Groups and Victims of Corporate Torts - Towards a New Architecture of Corporate Law in a Dynamic Marketplace* », Law, Social Justice & Global Development Journal, 2002 en ligne : <http://elj.warwick.ac.uk/global/02-1/magaisa.html> (Site consulté le 10 juin 2016)

[285] G. Skinner, R. Mccorquodale, O. De Schutter et A. Lambe *op. cit.*, p.74

[286] Parfois même l'application du droit régional ne favorise pas toujours les victimes, selon par exemple le Règlement Bruxelles I, la loi applicable à une obligation non contractuelle résultant d'un fait dommageable est celle du pays où le dommage survient, quel que soit le pays où le fait générateur du dommage se produit et quels que soient le ou les pays dans lesquels des conséquences indirectes de ce fait surviennent, ce qui ne tient pas compte de la faiblesse des droits nationaux auxquels les juges européens peuvent se référer pour rendre leur décision. Article 1 §1, Règlement (CE) n°44/2001 du Conseil du 22 décembre 2000, *op. cit.*

des droits de l'homme, tel qu'affirmait le requérant, puisque : « (...) *in so-called horizontal relationships like the one at issue, this cannot be designated as an infringement of a human right. As far as the District Court was able to verify, to date there have been no Nigerian rulings in which a reprehensible failure in horizontal relationships such as the one at issue and in the event of sabotage by third parties is considered to be an infringement of a human right.* »[287].

Dans le même sens, les juges ont rejeté toutes les réclamations contre la société mère, la RDS, à l'effet que selon le droit nigérian appliqué, une société mère n'est pas tenue de prévenir un préjudice causé par ses filiales à des tiers à l'étranger[288]. Le tribunal a d'ailleurs reconnu que cette décision s'écartait volontairement des conclusions de l'arrêt *Chandler v Cape*[289] dans lequel les juges anglais

---

[287] Le tribunal a rejeté l'argument d'Akpan selon lequel la SPDC était responsable d'avoir affecté son intégrité physique parce qu'il vivait dans un environnement contaminé. Les juges néerlandais ont admis que la négligence de la SPDC était différente des faits reprochés dans l'affaire *Gbemre v Shell Petroleum Development Company SPDC* cité par le requérant pour soutenir son raisonnement. Dans cette affaire, le juge nigérian a conclu que le torchage de gaz constituait des actes directs et un comportement actif qui violaient les droits de l'homme. *Gbemre v Shell Petroleum Development Company SPDC and Others*, Supreme Court of Nigeria, AHRLR 151 (NgHC 2005), *Akpan v.* Shell §4.56

[288] Le tribunal néerlandais a jugé qu'il n'existait aucun motif spécial de déroger à cette règle générale. *Akpan v. Shell*, §4.34. Le même raisonnement a été suivi pour rejeter les autres accusations contre la SPDC, puisqu'en vertu du droit nigérian, l'opérateur de pipeline n'est en principe pas responsable pour les dommages résultant des déversements d'hydrocarbures causés par le sabotage. Ces règles encadrant les cas de sabotages en droit nigérian ne protègent d'aucune façon les victimes, *LJN* BY9845 (déversement près de Goi), § 4.43-4.58; *LJN* BY9850 (déversement près d'Oruma).

[289] La Cour d'appel a affirmé qu'une société mère devait assumer une obligation de diligence dans les circonstances spéciales suivantes : «

ont admis que la maison mère avait une obligation de diligence en matière de santé et de sécurité envers un employé contaminé à l'amiante dans une filiale britannique de l'entreprise. Dans l'affaire *Akpan*, les juges ont plutôt estimé que la relation entre la RDS et les victimes était moins étroite et que l'exigence de proximité n'était pas satisfaite[290], contrairement à l'affaire *Chandler* où la relation employé-employeur pouvait permettre le transfert de l'obligation de diligence à la maison mère pour la négligence de sa filiale envers l'employé. Cette décision a le mérite d'être prudente, car elle maintient une certaine distance entre les obligations de la filiale et celles de la maison mère. Une mise en œuvre systématique de l'obligation de diligence pour les maisons mères pourrait en effet engorger les prétoires des pays sièges, considérant le nombre virtuellement illimité des personnes touchées dans de

---

(i) the businesses of the parent company and of the subsidiary are essentially the same; (ii) the parent company has more knowledge or should have more knowledge of a relevant aspect of health and safety in the industry than the subsidiary; (iii) the parent company knew or should have realized that the working conditions at its subsidiary were unhealthy; (iv) the parent company knew or should have foreseen that the subsidiary or its employees would rely on the fact that the parent company would use its superior knowledge to protect those employees. », *Akpan v. Shell*, §4.28, Court of Appeal (civil division), *Chandler v Cape* [2011] EWHC 951 (QB) (2012)

[290] Les juges ont affirmé que: « *the District Court finds that the special relation or proximity between a parent company and the employees of its subsidiary that operates in the same country cannot be unreservedly equated with the proximity between the parent company of an international group of oil companies and the people living in the vicinity of oil pipelines and oil facilities of its (sub-) subsidiaries in other countries. [..] At best, SPDC can be blamed for failing to prevent third parties from indirectly inflicting damage on people living in the vicinity by sabotage and that it insufficiently limited this damage, whereas in Chandler v Cape, the subsidiary itself directly inflicted damage on its employees by allowing them to work in an unhealthy work* », *Akpan v. Shell*, §4.29, 30.

nombreux pays par les activités de certaines entreprises. Néanmoins, cette logique reste critiquable puisque si la maison mère tire profit des capitaux générés par les activités de sa filiale, il serait légitime qu'elle soit aussi redevable des atteintes et qu'elle puisse contribuer à réparer les violations[291].

De plus, le métissage des normes et le dialogue normatif entre les juridictions qui appliquent les lois étrangères devraient être concomitants à la protection des droits de l'homme et par ricochet à l'intérêt des victimes. Intérêt justement qui aurait pu inciter le tribunal à étendre à la maison mère l'obligation de diligence que les juges ont établi à l'endroit de la filiale au Nigéria, en s'appuyant sur l'important arsenal normatif international que le Nigéria et les Pays-Bas ont reconnu dans les instruments universels ou régionaux[292].

B. Les obstacles externes au processus judiciaire

L'étroitesse des voies juridiques pour l'encadrement de la responsabilité des EMN dans les procès en responsabilité pour violations des droits de l'homme provient surtout de l'incertitude entourant le processus judiciaire des recours en négligence et des arrangements financiers qui s'effectuent souvent en marge des procès. Le fait qu'il existe un très faible nombre de décisions de justice condamnant les entreprises pour avoir failli à leur obligation de diligence réduit inévitablement la portée de cette

---

[291] B. Frydman et L. Hennebel, *op. cit.*, p. 80

[292] À cet égard G. Skinner, R. Mccorquodale, O. De Schutter et A. Lambe proposent qu'une résolution du Parlement européen soit adoptée pour apporter une interprétation à l'article 16 du Règlement de Rome II, afin que la loi du for devant lequel se tient le procès puisse être appliquée au lieu de la loi du lieu où le dommage s'est produit lorsque ce dernier droit ne procure pas un recours effectif ou s'il n'est pas suffisamment protecteur pour les droits des victimes, *op. cit.*, p. 77

voie[293]. D'une part, les décisions qui vont dans le sens d'une condamnation des EMN sont toujours vivement contestées et difficilement exécutables puisque les EMN s'arrangent souvent pour les étirer en intentant de multiples procédures d'appel dans l'espoir que les juridictions supérieures renversent les jugements. Dans le procès contre Shell aux Pays-Bas par exemple, bien que la décision ait été saluée comme une grande avancée par les défenseurs des droits de l'homme, au moment de la rédaction de ce travail, aucune démarche n'a été prise pour assurer l'indemnisation du requérant. Inversement, Shell a plutôt porté la décision en appel, ce qui signifie qu'elle pourrait donc à l'avenir être confirmée ou infirmée[294]. D'autre part, dans certains cas, les affaires se règlent à l'amiable, ce qui ne permet pas de construire une base jurisprudentielle sur le sujet, puisque les victimes s'engagent à retirer leurs recours après les arrangements. Cette hypothèse se vérifie par exemple avec la tentative engagée par Shell en septembre 2013 pour négocier à l'amiable afin d'éviter un procès en justice en compensant les victimes au sujet du recours collectif de 15 000 personnes de la communauté

---

[293] Ces limitations sont davantage accrues dans les pays étrangers où sont jugées les EMN qui ont leur siège dans d'autres pays. Aux États-Unis par exemple, les jugements américains ne peuvent être rendus exécutoires et plusieurs condamnations sur le fondement de l'ATCA n'ont ainsi pas pu être exécutées. Dans ce sens, J-F Flauss, *op. cit.*, p. 242. Les Principes directeurs énoncent d'ailleurs que les États doivent exécuter les décisions de réparation ayant force de chose jugée prononcées par des juridictions étrangères. À cette fin, les États devraient prévoir dans leurs législations internes des mécanismes efficaces pour assurer l'exécution des décisions de réparation, *Principes directeurs ONU*, Principe 26.

[294] Milieudefensie, « *Milieudefensie surprised by Shell's appeal against Nigerian victim* », *Press releases*, 3 may 2013, en ligne : <https://milieudefensie.nl/english/pressreleases/milieudefensie-surprised-by-shell2019s-appeal-against-nigerian-victim > (Site consulté le 10 juin 2016).

Bodo qui accusaient la maison mère de Shell de ne pas avoir protégé de façon adéquate ses oléoducs contre le sabotage au Nigéria[295]. Le 20 juin 2014, alors que la Haute Cour de justice de Londres a rendu une décision préliminaire d'envergure en affirmant qu'il était possible que Shell puisse être poursuivie dans un procès prévu pour mai 2015, l'entreprise aurait ainsi proposé 30 millions de livres sterling aux victimes qui en réclament plutôt 300 millions pour les dégâts écologiques causés dans leur région au

---

[295] La compagnie anglo-néerlandaise, rappelons-le, a son siège social à La Haye et un siège à Londres. La demande a été déposée en 2012 par la firme Leigh Day représentant les victimes, contre Shell qui réfute toujours les allégations aux motifs que les fuites de pétrole survenues entre 2008 et 2009 seraient la conséquence de sabotage dont elle n'est pas responsable. Il faut noter qu'un appel avait été introduit par les deux parties devant les instances supérieures suite à la décision de 2013. Le 18 décembre 2015, les juges de la Cour d'appel de La Haye ont renversé le jugement de 2013 et ils se sont prononcés sur deux points importants. Ils ont reconnu et affirmé pour la première fois depuis le début du litige la compétente des tribunaux néerlandais pour juger la maison mère concernant les plaintes à l'encontre de sa filiale nigériane, dans un deuxième temps ils ont ordonné à Shell de mettre à la disposition des victimes des documents internes de Shell afin de permettre aux victimes de démontrer la responsabilité de la maison mère et son implication dans les activités de sa filiale au Nigeria. Le jugement au fond de l'affaire en 2016 pourrait donc marquer un tournant majeur pour les victimes si la maison mère de Shell venait à être condamnée aux Pays Bas. Voir à cet effet les décisions *A.F. Akpan v. Royal Dutch Shell, plc E. Dooh v. Royal Dutch Shell, plc F.A. Oguru v. Royal Dutch Shell plc* publiées sur le site de la Cour d'appel le 18 décembre 2015, en ligne :<https://www.rechtspraak.nl/Organisatie-en-contact/Organisatie/Gerechtshoven/Gerechtshof-Den-Haag/Nieuws/Paginas/Dutch-Courts-have-jurisdiction-in-case-against-Shell-Nigeria-oil-spills.aspx> (Site consulté le 1er février 2016), Business & Human Rights Ressource Center, *Shell lawsuit (re oil spills & Bodo community in Nigeria)*, en ligne : <http://business-humanrights.org/en/shell-lawsuit-re-oil-spills-bodo-community-in-nigeria> (Site consulté le 20 juin 2016)

Nigéria[296]. À l'issue des audiences préliminaires qui ont eu lieu entre avril et juin 2014, Shell a accepté de verser aux victimes 55 millions de livres sterling en janvier 2015, évitant ainsi le procès prévu au cours de l'année 2015[297]. Il est donc clair que, suite à cet arrangement entre les parties qui se sont accordées sur un montant financier pour la compensation, que les poursuites judiciaires seront abandonnées contre Shell et que, par conséquent, aucun précédent jurisprudentiel au niveau du for anglais ne pourra être établi pour la responsabilité civile de l'entreprise pour les violations des droits de l'homme au Nigéria.

Finalement, au-delà de toutes ces limites, soulignons aussi au passage les autres obstacles liés aux modalités pratiques pour l'accès des victimes à la justice qui sont susceptibles d'empêcher la mise en œuvre de la responsabilité des EMN. John Ruggie les résume bien lorsqu'il affirme que : « *Some complainants have sought remedy outside the State where the harm occurred, particularly through home State courts, but have faced extensive obstacles. Costs may be prohibitive, especially without legal aid; non-citizens may lack legal standing; and claims may be barred by statutes of limitations. Matters are further complicated if the claimant is seeking redress from a parent corporation for actions by a foreign subsidiary* »[298].

---

[296] Shell lawsuit, *op. cit.*

[297] *Shell lawsuit, op. cit.* Le partage se fera notamment par une répartition de la somme entre les victimes et la communauté, soit £ 35 millions partagés entre ceux qui sont touchés par le déversement (chacun £ 2,200) et £ 20 millions à la communauté touchée, voir Business & Human Rights Resource Centre, *Shell lawsuit (re oil spills & Bodo community in Nigeria)*, en ligne : <http://business-humanrights.org/en/shell-lawsuit-re-oil-spills-bodo-community-in-nigeria > (Site consulté le 2 février 2016)

[298] J. Ruggie, *op. cit.* G. Skinner, R. Mccorquodale, O. De Schutter et A. Lambe, soulignent pour leur part que les principaux obstacles à l'accès à justice pour la mise en œuvre de l'encadrement de la responsabilité des EMN résident dans la difficulté pour les victimes par

Ainsi, dans plusieurs pays africains, les victimes, qui sont généralement issues des milieux défavorisés, ruraux ou autochtones, n'ont pas toujours accès à l'information nécessaire pour mener des batailles judiciaires contre les entreprises dont les intérêts sont souvent représentés par des bataillons d'avocats aguerris en la matière. Quand bien même que les victimes seraient instruites sur les démarches, il se pose des problèmes logistiques liés aux déplacements, qui se conjuguent aux frais dispendieux pour retenir l'aide de représentants légaux et aux possibilités réduites d'intenter des actions collectives dans certains cas[299]. Des évolutions intéressantes peuvent être observées toutefois au niveau de l'Association du Barreau des Pays-Bas et de la Commission européenne où des démarches ont été entreprises afin d'amoindrir les coûts afférents aux poursuites et pour faciliter les recours collectifs par les

exemple à poursuivre les litiges sur plusieurs années, à collecter et préserver les preuves afin de fournir des témoignages dans les affaires, sans compter les risques sécuritaires auxquels peuvent être soumis les victimes et les témoins dans les zones de violations des droits de l'homme où les intérêts commerciaux sont en jeu, *op. cit.*, p. 9. Les *Principes directeurs* énoncent également que la majorité de ces obstacles sont le résultat des déséquilibres au niveau des ressources financières, de l'accès à l'information et à des conseils d'experts entre les parties qui déposent des plaintes. De surcroît, les procureurs n'ont pas les ressources, les compétences et le soutien nécessaires pour faire respecter les obligations de l'État de mener des enquêtes sur la participation des EMN dans les violations des droits de l'homme, *Principes directeurs* ONU, p. 34.

[299] Les possibilités d'intenter des class action, ou des actions en nom collectif, sont plus répandues aux États-Unis. G. Skinner, R. Mccorquodale, O. De Schutter et A. Lambe proposent en ce sens que les législateurs créent des visas spéciaux pour les victimes et les témoins compte tenu de la difficulté des témoins et des victimes de se rendre dans certains pays pour les poursuites par exemple. Une autre solution serait aussi de permettre que les dépositions puissent être faites sur des supports vidéo par exemple, compte tenu des difficultés liées aux déplacements des victimes, *op. cit.*, pp. 74-75.

victimes contre les EMN[300]. Les *Principes directeurs de l'ONU* insistent aussi sur la nécessité de porter une attention spéciale aux droits et aux besoins spécifiques des groupes ou des populations victimes à chaque étape du processus de réparation notamment en ce qui concerne l'accès, les procédures et les issues des recours[301]. Ces nombreuses réserves n'empêchent toutefois pas de penser que la responsabilité civile délictuelle par le canal de la diligence raisonnable est un cadre particulièrement prometteur pour la délocalisation des poursuites contre les EMN.

En marge de ces voies juridiques, quelques pistes secondaires méritent d'être citées ici afin d'élargir les opportunités pour un encadrement adéquat de la responsabilité des EMN pour les cas de violations des droits de l'homme en Afrique.

Paragraphe II - La responsabilité sociale comme soutien parallèle à l'encadrement de la responsabilité juridique des multinationales en Afrique

La RSE vise à encourager les entreprises à prendre en compte sur une base volontaire les préoccupations sociales et environnementales dans leurs activités sous la forme de plusieurs textes de *soft law* à l'instar des codes de conduite

---

[300] Il faut souligner le fait que tout récemment la Commission Européenne a mis sur pied un certain nombre de principes non obligatoires en matière de recours collectif qui sont destinés à assurer l'accès à la justice devant les tribunaux des États membres, voir L. Enneking, *op. cit.*

[301] Les Principes directeurs énoncent ainsi que les États doivent : « prendre des mesures pour régler les déséquilibres entre les victimes et les autres obstacles culturels, sociaux, physiques et financiers supplémentaires, auxquels se heurtent les individus de groupes ou de populations plus exposés à la vulnérabilité ou à la marginalisation, qui font pour accéder aux mécanismes de réparations », comme les populations autochtones par exemple, Principes directeurs ONU, p. 23

ou des lignes directrices, des Principes directeurs en management, schémas de notation et indices de certification[302].

Au niveau global, l'adoption de la norme ISO 26000 en 2010 a permis de tracer les sillons de la RSE en clarifiant la notion de responsabilité sociétale afin d'aider les gouvernements, les organisations et les entreprises à opérationnaliser les principes de RSE[303].

Ces dernières décennies, les EMN, très soucieuses de leur image, ont multiplié les initiatives de RSE pour éviter les scandales susceptibles d'entacher leur réputation. Il faut rappeler les pressions employées au travers du *naming and shaming* qui ont dans un certain nombre de cas contraint les EMN à prendre quelques mesures pour la protection des droits sociaux[304]. L'encadrement de la RSE est un réel défi pour les États qui doivent composer avec l'attrait des investisseurs et les impératifs sociaux et environnementaux. Il convient toutefois de relever ici les initiatives au niveau panafricain (A) pavant la voie à la mise en

---

302 Voir l'ancienne définition de la Commission des communautés européennes adoptée en 2006, COM/2006/0136/FINAL, 22 mars 2006, en ligne : <http://eur-lex.europa.eu/legal-content/FR/TXT/?uri=CELEX:52006DC0136> (Site consulté le 1er juillet 2016). À noter que selon la nouvelle définition apportée au concept en 2011, la RSE est appréhendée comme *« la responsabilité des entreprises vis-à-vis des effets qu'elles exercent sur la société »*, Commission Européenne, COM/2011/681/FINAL, 25 octobre 2011, en ligne : <http://eur-lex.europa.eu/LexUriServ/LexUriServ.do?uri=COM:2011:0681:FIN:FR:PDF> (Site consulté le 1er juillet 2016).

303 ISO 26000, en ligne, < http://www.iso.org/iso/fr/home/standards/iso26000.htm?= > (Site consulté le le 1er juillet 2016)

304 On se rappelle par exemple de la campagne boycotte lancée par les universités de New York et du Michigan qui ont résilié leurs contrats d'approvisionnement avec Coca-Cola pour amener l'entreprise à appliquer la RSE au regard des nombreuses accusations de violations des droits de l'homme en Colombie. T. Collingsworth, *op. cit.*, p. 692

œuvre de la RSE en Afrique et les limites qui lui sont propres (B).

A. Les initiatives de Responsabilité Sociale des Entreprises au niveau panafricain

Au niveau africain, quelques initiatives pavent le chemin vers un encadrement de la responsabilité des multinationales qui développent des activités sur le continent.

Sur le plan sous régional par exemple, les pays membres de la Communauté Économique des États de l'Afrique de l'Ouest (CEDEAO) ont adopté en avril 2009 la Directive sur l'harmonisation des Principes directeurs et des politiques dans le secteur minier[305]. La Directive qui a vocation à s'appliquer au Niger, au Sénégal, au Togo, au Bénin, au Burkina Faso, en Côte d'Ivoire, en Guinée et au Mali poursuit comme objectif : « *D'assurer l'harmonisation des Principes directeurs et des politiques dans le secteur minier des États membres basés sur des normes standard de haut niveau de responsabilité pour les compagnies minières et les gouvernements afin de promouvoir les droits de l'homme, la transparence et l'équité sociale et de garantir la protection des communautés locales et de l'environnement dans les zones minières de la sous-région* »[306]. La Directive encourage également les États membres à veiller à ce que la RSE des compagnies minières fasse partie des conditions requises avant l'octroi d'un droit ou titre minier. Elle reconnaît par ailleurs que : « *l'exploitation minière affecte les systèmes écologiques et ne se limite pas à l'environnement immédiat du site minier et que dans les zones qui entourent les sites miniers, les*

---

[305] CEDEAO, Directive sur l'harmonisation des Principes directeurs et des politiques du Secteur Minier, Directive C/Dir.3/5/09 du 27 mai 2009

[306] *Ibid.*, chapitre 2 Objectifs

communautés subissent des impacts d'ordre environnemental, social et économique, que certaines « communauté d'intérêt », incluant les populations locales, l'artisanat minier, les travailleurs employés dans les mines et des gens vivant au sein des communautés sont marginalisés »[307]. Il est donc indéniable que ces dispositions visent clairement à contribuer à l'amélioration des conditions de vie des communautés locales grâce au processus de consultation et à l'accès à l'information par les entreprises. La Directive est un instrument contraignant dans ses objectifs, mais les modalités de mise en œuvre sont laissées à l'appréciation des États membres. Par ailleurs, ces pays concernés se sont également engagés en 2009 à se doter d'un instrument coercitif commun, notamment d'un code minier régional qui devait être élaboré d'ici 2017 afin de réguler au mieux le secteur extractif.

La plus importante initiative panafricaine du secteur minier est également à mentionner ici, notamment le plan d'action pour la mise en œuvre de la Vision du régime minier africain élaboré en 2009 par l'UA, la Banque Africaine de Développement et la Commission Économique des Nations Unies pour l'Afrique[308]. Il vise à améliorer la prise en compte des droits de l'homme dans le secteur minier africain par le biais des activités particulières et un suivi de proximité pour l'atteinte des objectifs. Il est important de souligner que le plan d'action élaboré en 2011 est principalement axé sur la création d'une gouvernance durable grâce à l'élaboration de politiques, de lois ou de règlements nationaux qui respectent les Conventions internationales en matière de droits de l'homme. Par ailleurs, le plan d'action prône également l'intégration des prin-

---

[307] *Ibid.*, Préambule

[308]Union africaine, Vision du régime minier africain (2009), en ligne : <http://pages.au.int/sites/default/files/AfricaMiningVisionfrench.pdf > (Site consulté le 28 juin 2016)

cipes d'évaluation environnementale des incidences sanitaires des activités des EMN dans l'exploitation minière, ainsi que la mise sur pied des protocoles d'entente avec les communautés vivant dans les régions minières. Il souligne aussi l'importance pour les EMN d'appliquer ces ententes en cas d'impacts avérés et l'élaboration des indicateurs de suivi des mécanismes de résolution des conflits entre les EMN et les populations locales[309].

Les institutions publiques ne sont pas en reste puisque le Réseau des Institutions Nationales Africaines des Droits de l'Homme (ci-après RINADH) joue également un rôle majeur dans la mise en œuvre des mesures de RSE. À cet égard, les Institutions nationales des droits de l'Homme, qui sont des organes publics autonomes établies au niveau national ayant pour mandat la promotion des droits, ont formalisé cet engagement à travers la *Déclaration de Yaoundé* de 2011. Ladite déclaration s'articule notamment autour de trois axes prioritaires que sont le droit et les conditions de travail, les droits de l'homme relatifs à la propriété foncière et les droits de l'homme liés à l'environnement. Le RINADH se donne également comme mission la mise en place de mesures prioritaires en l'occurrence le renforcement des capacités, l'éducation et la sensibilisation ainsi que la planification stratégique et la mise en œuvre efficace[310]. Les membres du RINADH se

---

[309] Comité international de coordination des institutions nationales pour la promotion et la protection des droits de l'homme, *Guide à l'intention des INDH - Supplément régional : l'Afrique,* Novembre 2013, p.7

[310] Au Cameroun par exemple, la Commission nationale des droits de l'homme et des libertés assume ses fonctions en matière de traitement des plaintes et d'investigations dans le domaine des droits de l'homme et des entreprises de manières diverses et variées et peut convoquer les parties aux fins d'une médiation ou d'une conciliation, donner des conseils oralement aux plaignants ou bien encourager la mise en place de mesures correctives en écrivant directement à la société concernée

sont également engagés dans ladite déclaration à mener des enquêtes « *sur les besoins, les activités et les priorités des INDH africaines dans le domaine des entreprises et des droits de l'homme* »[311].

Enfin, il faut ici mettre en lumière le rôle du Groupe de Travail sur les Industries extractives, l'Environnement et les Violations des Droits de l'Homme (ci-après groupe de travail). Mis sur pied par la CADHP[312], le groupe de travail a pour mandat d'examiner l'impact des industries extractives en Afrique à la lumière de la Charte africaine des droits de l'homme et des peuples. Il s'agit ainsi pour le groupe d'étudier les questions spécifiques au droit des peuples de disposer librement de leurs richesses et de leurs ressources naturelles et de vivre dans un environnement satisfaisant et global, propice à leur développement. En pratique, le mandat du groupe est d'entreprendre : « *des recherches sur les violations des droits de l'homme et des peuples par des acteurs non étatiques en Afrique ; Demander, collecter, recevoir et échanger des informations et des documents de toutes les sources pertinentes, y compris, les gouvernements, les communautés et les organisations, sur les violations des droits de l'homme et des peuples par des acteurs non-étatiques en Afrique ; Informer la Commission Africaine sur la responsabilité éventuelle des acteurs non-étatiques dans les violations des droits de l'homme et des peuples, dans le cadre de son mandat de protection ; Formuler des recommandations et des propositions sur des mesures appropriées et des activités de prévention et de réparation des violations des*

---

ou à l'organisme de surveillance responsable, *Guide à l'intention des INDH - Supplément régional, op. cit.*, p.13

311 *Ibid.*

312 CADHP, voir la Résolution 148 à la 46e Session ordinaire qui s'est tenue à Banjul, à Gambie du 11 au 25 novembre 2009, Résolution ACHPR/Res. 148(XLVI) 2009

droits de l'homme et des peuples perpétrées par les industries extractives en Afrique ; Collaborer avec les institutions donatrices intéressées, pour collecter des fonds pour financer les activités du Groupe de travail ; Préparer un rapport global à présenter à la Commission Africaine ». Le groupe, composé de huit membres, a d'ailleurs vu le mandat des membres experts renouvelé jusqu'au 18 novembre 2017[313], ce qui démontre donc la volonté manifeste des États africains pour la création d'un cadre règlementaire pour les activités extractives de même que le développement de mécanismes nécessaire à la surveillance des conséquences des activités des EMN sur les droits de l'homme.

B. Les limites consécutives à la mise en œuvre de la Responsabilité Sociale des Entreprises sur le continent africain

Si l'on doit saluer les avancées notables dans le domaine de la RSE en Afrique, le constat qui se dégage est que la majorité sinon la totalité des initiatives semble se concentrer principalement autour du domaine extractif[314], tandis qu'aucune mention n'est faite par exemple du sec-

---

313 CADHP, Résolution sur le renouvellement du Mandat des membres Experts du Groupe de travail sur les industries extractives, l'environnement et les violations des droits de l'homme en Afrique, CADHP/RES. 341 (EXT.OS/XX) 2016

314 La plupart des pays africains ont pris des initiatives législatives qui ont un succès relatif dans le domaine extractif. Le Cameroun par exemple présente un cadre « *relativement opaque, qui se révèle par son manque de fluidité et son caractère peu contraignant pour les entreprises. Pourtant, il offre des arguments assez concluants pour dynamiser les industries extractives à adopter des comportements citoyens et responsables.* »; Voir à ce sujet, J.C Nanga Mbala, *La Responsabilité Sociétale des Entreprises extractives au Cameroun*, Mémoire de Master II Recherche Droit Privé, Université de Yaoundé II, 2012.

teur agroalimentaire qui pose pourtant des difficultés ces dernières années entre les populations locales et les EMN. Au Cameroun par exemple, l'entreprise américaine Herakles Farms, entreprise basée aux États-Unis, a été vivement critiquée par les communautés locales qui alléguaient que le projet d'une plantation de palmiers à huile déplacerait des milliers de personnes sans mesures de compensations adéquates[315]. Il est donc clair que la problématique spécifique de l'accaparement des terres et le déplacement forcé sont des dynamiques à prendre en compte pour que l'encadrement de la responsabilité prenne en compte toutes les réalités quant à l'exploitation de la terre et/ou des différents types de ressources naturelles[316].

Par ailleurs, une autre limite majeure vient des modalités de mise en œuvre de la RSE en Afrique. La grande majorité des actions sociales en matière de RSE en Afrique consiste en effet en des actions sociales destinées à « *suppléer la carence de l'État dans la satisfaction des besoins élémentaires (nourriture, santé et éducation)* »[317]. En ce sens, la RSE s'égrène ainsi la plupart du temps dans un chapelet de mesures, visant la satisfaction des besoins primaires des communautés telles que la « *création d'emplois, la construction d'infrastructures, la fourniture de services publics, tels que l'électricité et l'eau, le soutien de changements positifs dans les conditions du marché du travail et la contribution au développement de pe-*

[315] Voir Business and Human Rights, « *L'accaparement des terres et l'environnement, Nasako Besingi condamné à 3 ans de prison* », *op. cit.*

[316] L'exploitation du bois par exemple est un enjeu majeur à prendre en compte dans l'encadrement de la responsabilité des EMN en Afrique. Voir, Business and Human Rights, affaire Rougier au Cameroun, *op. cit.*

[317] O. Sidibe, *op. cit.*, p.249

tites entreprises »[318]. Ces actions en apparence louables semblent souvent occulter ou jeter un voile sur la réalité des conséquences des activités des EMN. En pratique, une EMN construit des écoles, ou initie des projets de développement communautaire pour les femmes, par exemple, en amont, alors qu'en aval elle pollue l'eau ou l'air en écoulant de façon non sécuritaire des produits extractifs. Ousmane Sidibe relève d'ailleurs bien le phénomène lorsqu'il affirme que : « *ce qui est en cause dans tous les pays africains, c'est bien la faible prise de conscience des populations en général et des décideurs en particulier sur les questions environnementales* »[319]. Dans d'autres cas, les EMN peuvent développer des certifications ou des labels reconnus dans le but de démontrer qu'elles minimisent les risques occasionnés par leurs activités sur la santé et l'environnement, mais continuer dans la réalité à employer des locaux dans des conditions de travail qui ne respectent pas les normes (hygiène, santé, sécurité, etc.). On peut dès lors questionner la sincérité des EMN dans leur démarche au regard des nombreuses ambigüités que présente la politique RSE des multinationales en Afrique subsaharienne[320]. Il faut donc remarquer que si les actions de la RSE contribuent positivement à la promotion et au respect des droits de l'homme, elles doivent impérativement s'accompagner d'un certain nombre de mesures. Parmi celles-ci figure l'évaluation de l'impact environnemental, un accès facilité à l'information pour les pouvoirs publics

---

[318] Guide à l'intention des INDH - Supplément régional, op.cit, p.59

[319] O. Sidibe, *op. cit.*, p.270

[320] Y. H. Daouda, *op. cit.*. L'auteur s'interroge par exemple sur les motivations des EMN qui laissent parfois s'installer les situations de violence et de tensions dans des pays où regorgent les ressources naturelles en se contentant de gérer au coup par coup les problèmes et revendications des communautés sans se soucier du développement réel des populations, ou de contribuer aux mesures pour résoudre les conflits et ramener la paix.

et les populations locales et la mise sur pied des mesures de gestion de conflits ou de réparation en cas de dommage avéré des activités des entreprises effectuant des activités dans les secteurs concernés.

Il est donc clair en définitive que si les pays africains commencent par démontrer non seulement un intérêt pour le respect du droit environnemental, mais également s'ils le mettent en œuvre, les entreprises ne pourront que s'arrimer à cette conduite.

La deuxième partie de ce travail a permis d'explorer les voies et les moyens juridiques extraterritoriaux qui peuvent permettre d'améliorer la prise en compte de la responsabilité des EMN pour les violations des droits de l'homme en Afrique, au regard de la faiblesse de son encadrement normatif. Aux États-Unis, l'étude de la mise en œuvre de l'ATCA nous a permis de constater que l'ATCA fait du for américain une destination privilégiée pour les victimes de violations des droits de l'homme. Par ailleurs, en revisitant la pratique contentieuse en matière de violations des droits de l'homme par les EMN à travers le continent européen, une lecture jurisprudentielle de quelques affaires portées devant les fors néerlandais et anglais ont mis en évidence les pistes prometteuses que recèle le contentieux extraterritorial. Finalement, l'examen du cadre normatif et de la mise en œuvre de la RSE a permis de constater que si les normes sortaient de la théorie pour répondre aux besoins réels des populations locales, les normes de RSE pourraient être une combinaison complémentaire adéquate pour contribuer à renforcer l'encadrement de la responsabilité des EMN en Afrique.

CONCLUSION GÉNÉRALE

L'objectif principal de cette étude était d'évaluer si l'encadrement actuel de la responsabilité des EMN répond aux impératifs de protection des droits de l'homme en Afrique dans un contexte où la responsabilité des EMN ne bénéficie pas d'un encadrement juridique contraignant sur le plan international. Le premier constat dressé est que la question de la responsabilité des EMN ne laisse ni la communauté internationale, ni les instances africaines indifférentes. Les nombreuses violations causées directement par les activités des EMN ou par leur complicité ont poussé les acteurs impliqués à réfléchir, mais aussi les victimes à sortir de l'ombre pour explorer les possibilités juridiques envisageables pour mettre en œuvre la responsabilité des EMN.

En revisitant dans une première articulation l'évolution de l'encadrement normatif de la responsabilité des EMN en Afrique, la chronologie de l'encadrement de la responsabilité des EMN a été retracée au niveau international. On a pu constater que son cadre est étroit et relativement récent. Les *Principes directeurs de l'ONU relatifs aux entreprises et aux droits de l'homme* établis en 2011 sur le cadre de référence « Protéger, Respecter, Réparer » ont servi de fil conducteur pour analyser l'aménagement du cadre pour la prise en compte des droits de l'homme par les acteurs économiques que sont les entreprises. Il apparaît dès lors que les assises normatives et opérationnelles de la responsabilité des EMN sont fragilement ancrées dans le paysage juridique international et africain au regard de la controverse liée au statut des EMN en droit international qui ne leur reconnait pas de personnalité juridique internationale. Cette négation ébranle par conséquent la solidité des bases d'une responsabilité juridique, dans la mesure où, sur le plan international, les individus ne peuvent pas ester devant les juridictions internationales contre les EMN qui restent catégorisées comme des acteurs privés. De plus, l'étendue limitée des références normatives en Afrique de la thématique liée à la violation des droits de l'homme par les entreprises limite de façon considérable la mise en place d'une couverture appropriée pour la question. En dépit de tout, en l'absence d'un instrument juridique contraignant, on a pu démontrer que les Principes directeurs présentent un cadre normatif pertinent pour la mise en œuvre de la responsabilité des EMN. Une interprétation téléologique et approfondie de ces Principes a ainsi permis de dégager la corrélation qui existe entre la responsabilité pour les EMN de respecter les droits de l'homme et l'obligation de remédier aux violations des droits de l'homme qu'elles causent directement dans la conduite de leurs activités ou par leurs relations contractuelles. Ainsi, bien que relevant du droit mou, ces Principes ont une étendue importante même si leur portée juridique est *a priori* limitée.

Nous sommes alors allés à la recherche du droit dur pour voir dans quelle mesure il était possible de combiner les obligations des entreprises contenues dans des instruments de *soft law* et celles prévues dans la *hard law*. Les Principes directeurs énonçant d'ailleurs la nécessité pour les EMN de coopérer avec les États afin d'offrir un cadre adéquat pour la responsabilité des EMN, nous avons analysé de quelle façon elle est mise en œuvre en droit interne en examinant notamment les recours intentés contre les EMN devant les tribunaux étrangers. La seconde articulation de notre recherche nous a ainsi plongés dans l'environnement judiciaire américain. L'étude de la loi bicentenaire qu'est le *Alien Tort Claim Act* a occupé une place majeure dans notre analyse et nous a permis de présenter de quelle manière son « recyclage » en a fait un instrument de protection des droits de l'homme. Cependant, en analysant minutieusement la jurisprudence américaine des dernières années, le constat qui s'est clairement dégagé est qu'au fil du temps, les recours se sont heurtés à des juges américains de plus en plus réticents à ouvrir les tribunaux nationaux pour trancher des affaires impliquant les EMN pour des violations des droits de l'homme commis à l'étranger. De plus, on a pu constater que si l'ATCA offre un droit d'accès aux juridictions américaines, elle ne garantit pas automatiquement que les recours après les phases préliminaires seront tranchés au fond, ou que les demandeurs seront dédommagés par les entreprises poursuivies. *In fine*, les standards juridiques américains évoqués dans la décision *Kiobel* laissent croire que des obstacles majeurs se dresseront dans le parcours des victimes souhaitant intenter des actions sur les fondements de l'ATCA pour tenir les EMN responsables des atteintes aux droits de l'homme en Afrique. Les résultats limités de la loi témoignent donc que la portée réelle de cette loi doit être relativisée. Le verrouillage de l'accès aux tribunaux américains pour les recours contre les entreprises étrangères réduit considérablement les possibilités d'une mise en œuvre effective de la responsabilité des EMN devant les tribunaux étrangers.

Ensuite, un examen des solutions émergentes et les possibilités juridictionnelles ouvertes aux victimes afin d'obtenir des réparations lorsqu'elles intentent des recours dans les pays d'origine des EMN qui portent atteinte aux droits de l'homme a été effectué dans l'analyse. Le constat majeur qui se dégage est que les tribunaux des pays d'origine des EMN sont relativement réceptifs aux recours intentés par les victimes étrangères. L'affaire de Shell aux Pays-Bas nous a permis de présenter dans quelle mesure l'idée de la responsabilité délictuelle pour manquement à l'obligation de diligence peut offrir des bases pour contraindre les filiales et les maisons mères à réparer les violations des droits de l'homme. L'idée de poursuivre les EMN dans leur pays d'origine pour le manquement à leur obligation de diligence en Afrique ne fait pas disparaître toutefois les nombreux obstacles qui se dressent dans les recours juridictionnels, comme le soulèvement du voile corporatif séparant la maison mère et ses filiales ou la recherche de preuves juridiques. Il est donc nécessaire pour les victimes et leurs représentants de chercher d'autres pistes juridictionnelles susceptibles de permettre l'édification d'un cadre efficace pour tenir les entreprises responsables des violations des droits de l'homme en Afrique.

Dans une dernière articulation, estimant nécessaire de rejeter les restrictions de la conception exclusivement étatiste des droits de l'homme qui voudrait qu'il n'y ait que les États qui soient acteurs de la mise en œuvre de la responsabilité des EMN, le rôle potentiel des entreprises dans la mise en œuvre de l'édification de leur responsabilité sociale a été analysé. Dans cette optique, la recherche a offert l'opportunité d'élargir le cadre d'analyse en examinant la réponse de la RSE pouvant servir de substitut à la responsabilité légale des EMN. Le constat qui se dégage est que de nombreuses initiatives prises au niveau panafricain démontrent l'intérêt et la prise en compte des enjeux liés à la présence des EMN par les gouvernements sur les ressources naturelles, notamment dans le secteur extractif. Une mise en évidence du rôle de *facto* joué par les EMN permet aussi d'affirmer que les initiatives reposant sur un encadrement mixte notamment par des mécanismes hybrides de régulation privée et par la contrainte peut s'avérer prometteur pour la protection des droits de l'homme. Toutefois, on ne peut taire les doutes soulevés par cette voie si on s'en tient au décalage souvent flagrant entre la richesse des normes édictées en théorie et la pauvreté de leur réalisation en pratique. À cet égard, les EMN et les gouvernements devraient définitivement travailler de façon étroite, afin que les contrôles des incidences potentielles des activités des EMN soient menés de façon efficace.

À la fin de cette étude, si on se limite à la vaste fresque qui a été dépeinte jusqu'à ce stade, le portrait global semble désenchanteur. Il apparaît en effet difficile de conclure sur une perspective optimiste, dans la mesure où les victimes semblent effectivement destinées à errer dans l'incertitude face à la myriade de limites qui ont été relevées tout au long de ce travail. L'absence d'un cadre contraignant établissant les droits et les devoirs des EMN au plan international et africain ainsi que la faiblesse des droits nationaux africains régissant les relations entre les EMN et les individus ne constitue pas une base solide permettant aux victimes des violations des droits de l'homme de tenir les EMN responsables. Cet état de fait laisse alors penser que les droits de l'homme et la responsabilité juridique des EMN restent les parents pauvres de la mondialisation économique et que la faiblesse de l'encadrement de cette responsabilité en matière de violations des droits de l'homme provient en grande partie du manque de volonté des États. Pour autant, la question du rôle majeur des États africains ne doit être ni surestimée ni sous-estimée et il faut compter sur la volonté des victimes et l'engagement de leurs représentants pour continuer à multiplier les occasions de contentieux extraterritorial devant le for le plus adéquat pour mettre en œuvre cette responsabilité. Dans un contexte où l'idée d'une responsabilité juridique des EMN est affranchie de toute pudeur et débarrassée de tout tabou, il faut croire que malgré les barrières juridictionnelles et territoriales, les victimes, conscientes de leurs droits, sont davantage déterminées à porter leurs causes devant les tribunaux étrangers. L'issue des prochains procès de Shell aux Pays-Bas peut aussi être une précieuse source d'enseignement dans le futur. Au Canada, alors que les tribunaux étaient réputés pour leur réticence à reconnaître des cas de violations commis à l'étranger par les multinationales, en se fondant sur l'exception du *forum non conveniens*, le 6 octobre 2016 la Cour suprême de la Colombie-Britannique a prononcé une décision historique autorisant pour la première fois dans l'histoire le jugement de l'affaire au fond relativement à un recours civil en matière d'esclavage moderne dans un cas impliquant une mine canadienne. Le recours a été introduit par trois travailleurs érythréens qui alléguaient que la société se serait rendue complice avec son sous-traitant local Segen Construction qui aurait, de concert avec l'armée, fait usage de travail forcé dans des conditions inhumaines lors des travaux d'exploitation de la mine canadienne mine de Bisha de l'Érythrée en Afrique[321]. Un fait inédit est que la décision du juge s'appuie sur des violations alléguées du droit international coutumier et autorise un recours collectif, c'est-à-dire qu'un grand nombre de victimes pourrait avoir accès aux instances canadiennes. De plus, il est intéressant de mentionner que pour justifier l'acceptation du recours, le juge s'appuie sur les engagements pris par la mine Nesvun en matière de responsabilité sociale, qui est censée avoir pour socle les standards internationaux en matière de droits humains. Cela signifie donc que si l'affaire est favorable pour les victimes, bien que non contraignants, les multinationales ne pourront à l'avenir plus se contenter de formuler des engagements en matière de RSE tels des ornements normatifs, sans réellement les appliquer sur le terrain lors de leurs activités.

Sur le plan régional, la mise en œuvre du Protocole de Malabo pourra également venir renforcer le cadre africain puisqu'il dote désormais la Cour africaine de la compé-

[321] *Araya v. Nevsun Resources Ltd.*, 2016 BCSC 1856 pp. 32-89.

tence sur les personnes morales en matière de responsabilité pénale des entreprises[322].

Si l'on souscrit à l'idée selon laquelle l'arène de la responsabilité est un chantier en pleine évolution, il est impossible d'avancer des conclusions définitives sur l'état du droit à la réparation à l'égard des victimes par les EMN. L'audace et la coopération des juges combinées à une volonté politique des États peuvent certainement contribuer à améliorer les possibilités d'encadrement de la responsabilité des EMN en matière de violation des droits de l'homme au niveau national. Pour ce faire, il reste indispensable de développer la coopération avec les juridictions internes afin d'aménager des commodités pour intenter des recours à l'étranger par les victimes. Il est aussi capital que les États consentent à renoncer à une parcelle de leur souveraineté pour prendre les mesures nécessaires à la reconnaissance et à l'exécution des décisions lorsque les affaires sont portées à l'étranger contre les entreprises. Les États africains devraient aussi s'investir dans la mise sur pied de mécanismes non judiciaires tels que la médiation qui pourrait offrir un cadre adapté pour encadrer les relations entre les EMN et les individus[323]. Il faudra donc attendre quelques années après avoir franchi ces étapes et accompli ces aménagements majeurs avant de pouvoir évaluer de façon conclusive et adéquate l'efficacité réelle

---

[322] Art 46 C, *Protocole portant amendements au Protocole portant statut de la Cour africaine de Justice et des droits de l'homme*, 2014.

[323] Par exemple, la stratégie canadienne pour accompagner l'encadrement de la responsabilité des entreprises (RSE) dans le secteur extractif, a été de créer le Bureau du conseiller en responsabilité sociale des entreprises de l'industrie extractive, dont le mandat est d'offrir aux entreprises et aux collectivités un outil de résolution de problèmes pratique axé sur la collaboration pour régler des litiges liés aux activités des entreprises extractives canadiennes ayant eu lieu après le 19 octobre 2009.

de l’encadrement de la responsabilité des entreprises pour les violations des droits de l’homme en Afrique.

BIBLIOGRAPHIE

1. Législation, Traités, Conventions, Déclarations et Résolutions

Alien Tort Statute (ATS), 28 U.S.C. § 1350, 1789

Charte des Nations Unies, C.N.V.O.I., vol. 15

Convention de l'Union africaine sur la protection et l'assistance aux personnes déplacées en Afrique, [*Convention de Kampala,* 22 octobre 2009], (2012) 52 I.L.M.

Déclaration universelle des droits de l'homme, Rés. 217 A (III), Doc. off. A.G.N.U., 3ème sess., suppl. n°13, Doc. N.U. A/810

Directive sur l'harmonisation des Principes directeurs et des politiques du Secteur Minier, CEDEAO, Directive C/Dir.3/5/09, 2009

Federal Judiciary Act, 1 Stat. 73, 77 (1789)

Loi applicable aux obligations non contractuelles en matières civiles et commerciales, Parlement et Conseil européen, CE N° 864/2007, 11 juillet 2007, J.O (L 199) 40 (Rome II).

Loi sur les oléoducs nigériane 1956, Nigerian Legislation, Oil Pipelines Act (OPA), Chapter 338, en ligne : <http://www.commonlii.org/ng/legis/num_act/opa150/>

Principes fondamentaux et directives concernant le droit à un recours et à réparation des victimes de violations flagrantes du droit international, Rés. AG 60/147, Doc. Off. AGNU, 60e sess., supp. na 49, Doc. N.U. A/RES/60/147, 2005

Projet d'articles sur la responsabilité de l'État pour fait internationalement illicite, Documents officiels de l'Assemblée générale, 56ème sess., A/56/10, Supplément n° 10, 2001

Règlement concernant la compétence judiciaire, la reconnaissance et l'exécution des décisions en matière civile et commerciale, Règlement (CE) N° 44/2001 du Conseil du 22 décembre 2000 (2001), J.O (L 12) 1, (Bruxelles I)

Résolution sur le renouvellement du Mandat des membres Experts du Groupe de travail sur les industries extractives, CADHP/RES. 341 (EXT.OS/XX) 2016

Union africaine, Vision du régime minier africain, (2009), en ligne : <http://pages.au.int/sites/default/files/AfricaMiningVisionfrench.pdf>

2. Jurisprudence

2.1. Angleterre

Caparo Industries Plc. v. Dickman, 2 AC 605 (1990)

Chandler v Cap, [2011] EWHC 951 (QB) (2012)

Connelly v. RTZ, [1999] AC 854

Donoghue v Stevenson, AC 562 (1932)

Lubbe v. Cape P.L.C., [2000] 4 All ER 268 (HL), 2000

Smith v Littlewoods Organisation Ltd AC 241, (1987)

2.2 Canada

Araya v. Nevsun Resources Ltd., 2016 BCSC 1856

2.3 États-Unis d'Amérique

Abdullahi v. Pfizer, Inc., 562 F.3d 163 (2d Cir. 2009)

Aguinda v. Texaco, Inc. (Aguinda III), 303 F.3d 470, 480 (2d Cir. 2002)

Balintulo v. Daimler AG, 727 F.3d 174 (2d Cir. 2013)

Bolchos v. Darrel, 3 Fed. Cas. 810 (D.S.C 1795)

Cuba R.R. Co. v. Crosby, 222 U.S. (1912)

Doe v. Exxon Mobil Corp., 654 F.3d 11 (D.C. Cir. 2011)

Doe I v. Nestle, 748 F. Supp. 2d (C.D. Cal. 2010)

Doe I v. Nestle, Usa, No. 10-56739 (9th Cir. 2015)

Doe v. Nestlé et Al., No. 15-349, Us Court (2016)
F. E. Marcos, 978 F. 2d (9th circuit 1992)
Flomo v. Firestone Natural Rubber Company, 643 F.3d (7th Cir. 2011)
In re South African Apartheid Litig., No. 02 MDL 1499, 2013 WL 6813877, (26 décembre 2013)
Kadic v. Karadzic, 70 F.3d 232 (2d Cir.1995)
Khulumani v. Barclay Nat'l Bank Ltd., 504 F.3d 254, 283–84 (2d Cir.2007)
Kiobel v. Royal Dutch Petroleum Co., 621 F.3d 111, 148-49 (2d Cir. 2010)
Kiobel v. Royal Dutch Petroleum Co., 642 F.3d 268 (2d Cir. 2011), *cert. granted*, 132 S. Ct. 472 (2011)
Kiobel v. Royal Dutch Petroleum Co., 132 S. Ct. 1738
Lafontant v. Aristide, 844 Fed. Supp. 128 (Eastern dist. N. Y. 1994)
Presbyterian Church of Sudan v. Talisman, 582 F.3d 244, 258–59 (2d Cir.2009)
Sarei v. Rio Tinto, PLC, 671 F.3d 736 (9th Cir. 2011)
Sosa v. Alvarez-Machain, 542 U.S. (2004)
Tachiona v. United States, 386 F.3d 205 (2004)

2.3 Nigéria

Center for Economic and Social Rights c. Nigeria, Communication 155/96, 30e Session Ordinaire, Banjul, Gambie, 13 octobre 2001
Gbemre v Shell Petroleum Development Company SPDC and Others, Supreme Court of Nigeria, AHRLR 151 (NgHC 2005)
Mogaji Ors.Export Ltd v Cadbury Fry, (1972) LPELR-SC.284/1969
SPDC v Chief Graham Otoko and 5, 6, (1990) NWLR (Part 159) 693

2.4 Pays-Bas

Akpan v. Royal Dutch Shell PLC, LJN : BY9854 Rechtbank's-Grave, C/09/337050/HA ZA 09-1580 (2013)

Dooh & Milieudefensie v. Royal Dutch Shell & Shell Petroleum Development Company of Nigeria Ltd, LJN : BY9845, Rechtbank's-Grave, C/09/337058 / HA ZA 09-1581 (2013)

El-Hojouj v. Unnamed Libyan Officials, Arrondissementsrechtbank Den Haag, Case No. 400882/HA ZA 11-2252 (ECLI:NL:RBSGR:2012:BV9748), 21 Mars 2012

Oguru & Milieudefensie v. Royal Dutch Shell & Shell Petroleum Development Company of Nigeria Ltd, LJN: BY9850, Rechtbank's-Grave, C/09/330891 / HA ZA 09-0579 (2013)

3. Doctrine

3.1 Monographies et ouvrages collectifs

ARNAUD A. J., *Dictionnaire encyclopédique de théorie et de sociologie du droit*, L.G.D.J, 2e édition, 1993, Paris

BELLAL, A., *Immunités et violations graves des droits humains*, Bruxelles, Bruylant, 2011

BLECHER L., STAFFORD N., BELLAMY G. C., *Corporate Responsability For Human Rights Impacts: New Expectations and Paradigms*, American Bar Association, 2014

COMBACAU J., SÙR S., *Droit International Public*, Paris, 3e Éd, Montchrestien, 1997

DAUGAREILH I., *Responsabilité sociale de l'entreprise transnationale et globalisation de l'économie*, Bruxelles, Bruylant, 2010

DELMAS-MARTY M., *Globalisation économique et universalisme des droits de l'homme*, Montréal Thémis, 2003

DUPUY P-M, *Le fait générateur de la responsabilité internationale des États*, Recueil des cours, Martinus Nijhoff Publishers, 1984. 188 (1984-V)

FLAUSS J.-F., *La protection internationale des droits de l'homme et les droits des victimes*, Institut International des droits de l'homme, Bruxelles, Bruylant, 2009

HENNER, P., *Human Rights and the Alien Tort Statute*, Chicago, American Bar Association, 2009

JÄGER N., *Corporate Human Rights Obligations: in search of Accountability*, Intersentia, Anvers, 2002

JOSEPH S., *Corporations and transnational human rights litigation,* 4, coll. « Human rights law in perspective », Oxford Hart Publishing, 2004

MERCIARI P., *Les Entreprises Multinationales en droit international,* Bruxelles, Bruylant, 1993, p.200

MOREAU, M.-A., WATT, M, H., et RODIÈRE P., (dir.), *Justice et mondialisation en droit du travail,* Paris, Dalloz, 2010

RUGGIE, J. G., *Just business*, Londres, W.W. Norton & Company, 2013

SALAH M. M, *Les contradictions du droit mondialisé,* Paris, Presses Universitaires de France, 2002

SALAH M., *L'irruption des droits de l'homme dans l'ordre économique international : mythe ou réalité ?* LGDJ, 2012

SALMON J., *Dictionnaire de droit international public,* Bruxelles, Bruylant, 2001

SURYA, D., *Regulating Corporate Human Rights Violations: Humanizing Business,* coll. «Routledge Research in Human Rights Law», London, New York, Routledge, 2012

3.2 Articles de revue et études d'ouvrage collectif

ABI-SAAB G., « Éloge du « droit assourdi », dans *Nouveaux itinéraires en droit, hommage à F. Rigaux,* Bruxelles, Bruylant, 1993

BERHMAN J., « The Alien Tort Statute and Flomo v. Firestone Natural Rubber Company: The Key to Change in Global Child Labor Practices? » *Indiana University Maurer School of Law,* 2011, p. 455 et suiv

BONNEAU K., « Le droit à réparation des victimes de violations des droits de l'homme : le rôle pionnier de la cour interaméricaine des droits de l'homme », *Revue Droits Fondamentaux*, 2007 8 p.1 et suiv

BRIDGEMAN N. L., « Human Rights Litigation Under the ATCA as a Proxy For Environmental Claims» *Yale Hum. Rts. & Dev. L.J.* 2003, p.1 et suiv

COLLINGSWORTH T., « *La primauté du droit sur l'économie mondiale* », dans DAUGARHEIL I. (dir), La responsabilité des entreprises multinationales en matière de droits de l'homme et contrôle des États, Bruxelles, Bruylant, 2010

DAOUDA Y. H., « *Responsabilité sociétale des multinationales en Afrique Subsaharienne : enjeux et controverses* », VertigO, mai 2014

DE SCHUTTER O., « Les affaires Total et Unocal : complicité et extraterritorialité dans l'imposition aux entreprises d'obligations en matière de droits de l'homme » (2006) 52 *Annuaire français de droit international* 55

DODGE W. S., « The Historical Origins of the Alien Tort Statute: A Response to the "Originalists"» *Hastings Int'l. & Comp. L. Rev*, 1996, p.221 et suiv

DOMINICIÉ C., « L'accord de siège conclu par le comité international de la Croix-Rouge avec la Suisse », *Revue Générale de Droit International Public,* 1995, p.5 et suiv

DUMBERRY P., « L'entreprise sujet de droit international ? Retour sur la question à la lumière des développements récents du droit international des investissements », (2004) 1 *Revue Générale de Droit International Public* p.105 et suiv

ENNEKING L., « Multinationals and Transparency in Foreign Direct Liability Cases. The Prospects for Obtaining Evidence under the Dutch Civil Procedural Regime on the Production of Exhibits » *Dovenschmidt Quarterly Journal*, 2013, p.134 et suiv

ENGEL E., « Kiobel V. Royal Dutch Petroleum Co.: Corporate Liability Under The Alien Torts Statute », *Houston Journal of International Law*, 2012, p.499 et suiv

FRYDMAN B., et L. HENNEBEL, « Le contentieux transnational des droits de l'homme : une analyse stratégique », *Rev. trim. dr. h.*, 2009, p.73 et suiv

HENNEBEl L., et G. LEWKOWICZ, « La contractualisation des droits de l'homme : de la pratique à la théorie du pluralisme juridique et politique », LEWKOWICZ, G. et XIFARAS, M. (ed.), *Repenser le contrat*, Paris Dalloz, 2009

HOFFMAN P. et STEPHENS B., « International human rights cases under state law and in state courts », *UC Irvine L R,* 2013, p.9 et suiv

KESSEDJIAN C., « Les actions civiles pour violations des droits de l'homme-Aspects de droit international privé », dans *Comité français de droit international privé (éd) : Années 2002-2004*, A. Pedone, Paris, 2005

LEWKOWICZ G., « Droits de l'homme, droits du citoyen: les présupposés de la jurisprudence américaine et européenne » dans HAARSCHER, J., HENNEBEL, L., LEWKOWICZ, G., *Juger les droits de l'homme,* Europe et États-Unis face à face, Bruxelles, Bruylant, 2008

JÄGERS N., K. JESSE., et J. VERSCHUUREN, « The Future of Corporate Liability For Extraterritorial Human

Rights Abuses: The dutch Case Against Shell » *The American Journal Of International Law and Ajil Unbound*, 2014, p. e-36 et suiv

LINCOLN R. S., « To Proceed with Caution: Aiding and Abetting Liability under the Alien Tort Statute », *Berkeley J. Int'l Law* 2010, p. 612 et suiv

MAGAISA A., « Corporate Groups and Victims of Corporate Torts - Towards a New Architecture of Corporate Law in a Dynamic Marketplace » *Law, Social Justice & Global Development Journal*, 2002, en ligne : <http://elj.warwick.ac.uk/global/02-1/magaisa.html>

MANIRABONA A., « La responsabilité civile des entreprises pour complicité aux violations des droits humains à l'étranger : au-delà de l'exception du forum non conveniens en droit québécois » *Journal européen des droits de l'homme*, 2013, p. 436 et suiv

MANKIEWICZ R. H, « La responsabilité du fabricant à l'égard de l'usager ou consommateur de ses produits, d'après le *Common Law* canadien », *Revue internationale de droit comparé,* 1956, p.241 et suiv

MINH V. T., « Droits de l'homme et pouvoirs privés : le problème de l'opposabilité » dans CAO-HUY THAN, (coord.), *Multinationales et droits de l'homme*, Amiens, PUF, 1984

MORRI J., « *Violation des droits de l'homme et compétence universelle, la mariée était trop belle* », Combats pour les droits de l'homme (CPDH),avril 2013, en ligne : <http://combatsdroitshomme.blog.lemonde.fr/2013/04/27/violation-des-droits-de-lhomme-et-competence-universelle-la-mariee-etait-trop-belle-scotus-17-avril-2013-kiobel-v-royal-dutch-petroleum/>

MUCHLINSKI P., « Implementing the New UN Corporate Human Rights Framework: Implication for Corporate Law, Governance, and Regulation », *Business Ethics Quaterly,* 2012

MURRAY O., D. KINLEY, et C. PITTS, « Exaggerated rumours of the death of an Alien Tort? Corporations, Human Rights and the remarkable case of Kiobel» (August 2011), 11/48 *Sydney Law School, Legal Studies Research Paper* p.12 et suiv

NWAPI C., « Jurisdiction by Necessity and the Regulation of the Transnational Corporate Actor » *Utrecht Journal of International and European Law*, 2014, p.24 et suiv

PRINCE D., « Corporate Liability for International Torts: Did the Second Circuit Misinterpret the Alien Tort Statute? » *Seton Hall Circuit Review*, 2012, p.43 et suiv

QUEINNEC Y., « Les Principes Directeurs de l'OCDE à l'intention des entreprises multinationales, un statut juridique en mutation », Sherpa, juin 2007, en ligne : <http://ebookbrowse.com/principes-directeurs-de-l-ocde-un-statut-juridique-en-mutation-pdf-d65308954> (site consulté le 1 janvier 2016)

QUEINNEC Y. et BOURDON W., « Entreprises transnationales et droits de l'homme : À la recherche des combinaisons normatives adaptées », *Journal européen des droits de l'homme*, 2013, p.204 et suiv

SIDIBE O., « *La responsabilité sociale des entreprises multinationales en Afrique : Le cas du secteur minier au Mali* » dans *La responsabilité des entreprises multinationales en matière de droits de l'homme et contrôle des États,* I. Daugarheil (dir), Bruxelles, Bruylant, 2010

SONTAG K., « La justiciabilité des droits de l'homme à l'égard des sociétés transnationales », dans BOY L., RACINE J.-B., SIIRIAINEN F., *Droit économique et droits de l'homme,* Bruxelles, Larcier, 2009

STEPHENS B., « Translating Filartiga: A Comparative and International Law Analysis of Domestic Remedies for International Human Rights Violations», *Yale J. Int'l* L, 2002, p.1 et suiv

TEITEL R., « L'« alien tort » et l'état de droit mondial », (2005) 3 *Revue internationale des sciences sociales* 597

THOMPSON B., The academic reaction to the result in the Kiobel case was resoundingly negative, «Was Kiobel Detrimental to Corporate Social Responsibility? Applying Lessons Learnt From American Exceptionalism», *Utrecht Journal of International and European Law,* 2014, p. 82 et suiv.

RENAUDIE, V., « Les É.-U. pays des droits de l'homme ? Un instrument universel de protection des droits de l'homme méconnu : le US alien tort claim act », *RIDC,* 2004, p. 603 et suiv

WATT M. H., « Privatisation du contentieux des droits de l'homme et vocation universelle du juge américain », *RIDC*, 2003, p.4 et suiv

WEISS S. L. et W. B. PANLILIO, « Defending Against Alien Tort Statute Cases Post-Kiobel: What are the key defenses? » *American Law Institue*, 2013, p.1 et suiv

XAVIER A., et FELLMET, « Wiwa v. Royal Dutch Petroleum Co. : A New Standard for the Enforcement of International Law in U.S. Courts? », *Yale Human Rights and Development Journal*, 2002, p. 241 et suiv

YOUNG E. A., « Universal Jurisdiction, the Alien Tort Statute, and Transnational Public Law Litigation after Kiobel » (2014) *Duke University - School of Law*, en ligne : < http://ssrn.com/abstract=2409838 >, (Site consulté le 14 mars 2016)

4. Thèses et mémoires

BRIGHT C., *L'accès à la justice civile en cas de violations des droits de l'homme par des entreprises multinationales,* thèse, Florence, European University Institute, 2013

COURNIER M., *Sociétés minières canadiennes et violations des droits de l'homme à l'étranger : le Canada respecte-t-il les prescriptions internationales en la matière ?* Mémoire, Montréal, Faculté de droit, Université de Montréal, 2013

DAOUED, C., *Les perspectives de règlementation des activités des sociétés transnationales en l'absence d'un consensus sur la question de leur personnalité juridique internationale : l'exemple des compagnies privées de sécurité*, Mémoire, Montréal, Faculté de droit, Université du Québec à Montréal, 2008

LONGO R. L., *La gestion des déchets dangereux au Cameroun*, Mémoire, Master en Relations Internationales, option Diplomatie, spécialité Contentieux International, IRIC, 2001

NANGA M. J.C., *La Responsabilité Sociétale des Entreprises extractives au Cameroun*, Master II Recherche Droit Privé, Université de Yaoundé II, 2012

5. Documents internationaux en ligne

ASSEMBLÉE GÉNÉRALE DE L'ONU, *Rapport de la Commission du droit international à l'Assemblée générale sur les travaux de sa 53e session* (2001), A/56/10

ASSEMBLÉE GÉNÉRALE DE L'ONU, *Principes fondamentaux et directives concernant le droit à un recours et à réparation des victimes de violations flagrantes du droit international des droits de l'homme et de violations graves du droit international humanitaire*, Rés. AG 60/147, Doc. Off. AG NU, 60e sess., supp. na 49, Doc. N.U. A/RES/60/147 (2005)

BUREAU INTERNATIONAL DU TRAVAIL, *Déclaration de principes tripartite sur les entreprises multinationales et la politique sociale*, 204e session (Genève, novembre 1977), telle qu'amendée par le Conseil à sa 279e session (Genève, novembre 2000) et à sa 295e session (mars 2006), en ligne : < http://www.ilo.org/wcmsp5/groups/public/@ed_emp/@emp_ent/documents/publication/wcms_124923.pdf >, p.2 (site consulté le 3 janvier 2014)

CNUCED, Rapport sur l'investissement dans le monde 2015, en ligne : < http://unctad.org/fr/PublicationsLibrary/wir2015overview_fr.pdf>> (Site consulté le 22 janvier 2016)

COMMISSION DES DROITS DE L'HOMME, *Human rights and transnational corporations and other business enterprises SRSG mandate,* Doc. N.U. E/CN.4/RES/2005/69, 61ème sess., (20 avril 2005), en ligne : <http://www.ohchr.org/EN/Issues/Business/Pages/ResolutionsDecisions.aspx> (Site consulté le 25 février 2014)

CONSEIL DES DROITS DE L'HOMME, *Principes directeurs relatifs aux entreprises et aux droits de l'homme*, Résolution A/HRC/RES/17/4 du 16 juin 2011

CONSEIL DES DROITS DE L'HOMME, *Protect, Respect and Remedy : A Framework for Business and Human Rights*, U.N. Doc. A/HR/C/8/5 (Apr. 7, 2008)

CONSEIL DES DROITS DE L'HOMME, *Mandat du Représentant spécial du Secrétaire général chargé de la question des droits de l'homme et des sociétés transnationales et autres entreprises*, Doc. N.U. A/HRC/RES/8/7, 8ème sess., (18 juin 2008), en ligne : < http://ap.ohchr.org/documents/E/HRC/resolutions/A_HRC_RES_8_7.pdf > (site consulté le 1 janvier 2014)

CONSEIL DES DROITS DE L'HOMME, R*apport du Représentant spécial du Secrétaire général chargé de la question des droits de l'homme et des sociétés transnationales et autres entreprises, John Ruggie,* Doc.N.U. A/HRC/17/31, 17ème sess., (21 mars 2011), en ligne <http://www.business-humanrights.org/media/documents/ruggie/ruggie-

principes-directeurs-21-mars-2011.pdf > (site consulté le 10 janvier 2014)

CONSEIL DES DROITS DE L'HOMME, *Protéger, respecter et réparer : un cadre pour les entreprises et les droits de l'homme- Rapport du Représentant spécial du Secrétaire général chargé de la question des droits de l'homme et des sociétés transnationales et autres entreprises, M. John Ruggie*, Doc.N.U. A/HRC/8/5, 8ème sess., (7 avril 2008), p. 21, en ligne : <http://daccess-ddsny.un.org/doc/UNDOC/GEN/G08/128/62/PDF/G0812862.pdf?OpenElement> (Site consulté le 10 juin 2015)

CONSEIL DES DROITS DE L'HOMME, *Élaboration d'un instrument international juridiquement contraignant sur les sociétés transnationales et autres entreprises et les droits de l'homme,* Doc.N.U. A/HRC/26/L.22/Rev.1, 26ème sess., (25 juin 2014), en ligne : <http://daccess-dds-ny.un.org/doc/UNDOC/LTD/G14/064/49/PDF/G1406449.pdf?OpenElement> (Site consulté le 26 juin 2014)

CONSEIL DES DROITS DE L'HOMME, *Les droits de l'homme et les sociétés transnationales et autres entreprises,* Doc. N.U A/HRC/26/L.1, 26ème sess., (23 juin 2014), en ligne : <http://daccess-dds-ny.un.org/doc/UNDOC/LTD/G14/062/41/PDF/G1406241.pdf?OpenElement> (Site consulté le 26 juin 2014)

HAUT-COMMISSARIAT DES NATIONS UNIES AUX DROITS DE L'HOMME, *Rapport du Secrétaire général sur l'effet des activités et des méthodes de travail des sociétés transnationales sur la pleine jouissance de tous les droits de l'homme, en particulier les droits économiques, sociaux et culturels et le droit au développement, compte tenu des directives, règles et normes internationales existant sur ce sujet*, Doc. N.U.

E/CN.4/Sub.2/1996/12 (17 juin 1996), en ligne : <http://daccess-dds-ny.un.org/doc/UNDOC/GEN/G96/130/59/PDF/G9613059.pdf?OpenElement> (Site consulté le 22 février 2016)

ISO 26000, en ligne, < http://www.iso.org/iso/fr/home/standards/iso26000.htm?= > (Site consulté le le 1er juillet 2016)

OCDE, *Rapport annuel sur les Principes directeurs de l'OCDE à l'intention des entreprises multinationales 2013 : La conduite responsable des entreprises en action*, 2014, en ligne <http://dx.doi.org/10.1787/mne-2014-fr> (site consulté le 30 janvier 2016)

OCDE, *Les Principes directeurs de l'OCDE à l'intention des entreprises multinationales*, OCDE, < http://dx.doi.org/10.1787/9789264115439-fr > (site consulté le 28 janvier 2016)

6. Rapports d'ONG et Articles de presse

Business and Human Rights, « *L'accaparement des terres et l'environnement, Nasako Besingi condamné à 3 ans de prison* », en ligne : <https://business-humanrights.org/fr/cameroun-le-d%C3%A9fenseur-de-lenvironnement-et-des-droits-de-lhomme-nasako-besingi-lourdement-condamn%C3%A9-par-la-justice-%C3%A0-cause-de-sa-lutte-contre-laccaparement-des-terres#c129820> (Site consulté le 5 juillet 2016)

Comité international de coordination des institutions nationales pour la promotion et la protection des droits de l'homme, *Guide à l'intention des INDH - Supplément régional : l'Afrique,* Novembre 2013

Communiqué de presse Amnesty International, *États-Unis, la cour suprême rend un arrêt sur Shell dans le Delta du Niger*, en ligne : < https://www.amnesty.org/fr/for-media/press-releases/us-supreme-court-ruling-shell-niger-delta-severely-limits-access-justice-hu > (site consulté le 4 avril 2015)

Fédération Internationale de ligues des Droits de l'Homme (FIDH), *Entreprises et violations des droits de l'homme : Un guide pratique sur les recours existants à l'intention des victimes et des ONG - Section II Mécanismes judiciaires* mars 2012, en ligne : <http://www.fidh.org/IMG//pdf/guide_entreprises_fr-sectionii.pdf> (site consulté le 3 avril 2016)

Fédération Internationale de ligues des Droits de l'Homme (FIDH), *Entreprises et violations des droits de l'homme : Un guide pratique sur les recours existants à l'intention des victimes et des ONG - Section III Médiation*, mars 2012, en ligne : <http://www.fidh.org/IMG//pdf/guide_entreprises_fr-sectioniii.pdf> (site consulté le 10 août 2015)

O. DE SCHUTTER, RAMASASTRY, A., B, M, TAYLOR., et THOMPSON, C., *La diligence raisonnable en matière de droits humains : le rôle des États*, Table ronde sur la reddition de comptes des entreprises internationales (ICAR), décembre 2012, en ligne : < http://business-humanrights.org/media/documents/la-diligence-raisonnabl-_en-matiere-de-droits-humains-role-des-États.pdf > (Site consulté le 10 juin 2015)

SKINNER, G., MCCORQUODALE, R., DE SCHUTTER, O., et LAMBE, A., « The Third Pillar: Access to Judicial Remedies for Human Rights Violations by Transnational Business », International Corporate Accountability Roundtable (ICAR), Décembre 2013, en ligne: <http://accountabilityroundtable.org/wp-content/uploads/2013/02/The-Third-Pillar-Access-to-Judicial-Remedies-for-Human-Rights-Violation-by-Transnational-Business.pdf> (Site consulté le 10 mai 2016)

UNEP, *L'étude du PNUE sur les impacts de l'exploitation pétrolière en pays Ogoni révèle l'étendue de la contamination environnementale et les risques pour la santé humaine*, , en ligne : <http://www.unep.org/newscentre/default.aspx?DocumentID=2649&ArticleID=8827&l=fr> (consulté le 2 avril 2014)

TABLE DES MATIÈRES

L'HARMATTAN ITALIA
Via Degli Artisti 15; 10124 Torino
harmattan.italia@gmail.com

L'HARMATTAN HONGRIE
Könyvesbolt ; Kossuth L. u. 14-16
1053 Budapest

L'HARMATTAN KINSHASA
185, avenue Nyangwe
Commune de Lingwala
Kinshasa, R.D. Congo
(00243) 998697603 ou (00243) 999229662

L'HARMATTAN CONGO
67, av. E. P. Lumumba
Bât. – Congo Pharmacie (Bib. Nat.)
BP2874 Brazzaville
harmattan.congo@yahoo.fr

L'HARMATTAN GUINÉE
Almamya Rue KA 028, en face
du restaurant Le Cèdre
OKB agency BP 3470 Conakry
(00224) 657 20 85 08 / 664 28 91 96
harmattanguinee@yahoo.fr

L'HARMATTAN MALI
Rue 73, Porte 536, Niamakoro,
Cité Unicef, Bamako
Tél. 00 (223) 20205724 / +(223) 76378082
poudiougopaul@yahoo.fr
pp.harmattan@gmail.com

L'HARMATTAN CAMEROUN
TSINGA/FECAFOOT
BP 11486 Yaoundé
699198028/675441949
harmattancam@yahoo.com

L'HARMATTAN CÔTE D'IVOIRE
Résidence Karl / cité des arts
Abidjan-Cocody 03 BP 1588 Abidjan 03
(00225) 05 77 87 31
etien_nda@yahoo.fr

L'HARMATTAN BURKINA
Penou Achille Some
Ouagadougou
(+226) 70 26 88 27

L'HARMATTAN SÉNÉGAL
10 VDN en face Mermoz, après le pont de Fann
BP 45034 Dakar Fann
33 825 98 58 / 33 860 9858
senharmattan@gmail.com / senlibraire@gmail.com
www.harmattansenegal.com

www.ingramcontent.com/pod-product-compliance
Lightning Source LLC
LaVergne TN
LVHW010939061026
849535LV00007B/2486
* 9 7 8 2 3 4 3 1 1 3 6 5 4 *